大切だけどなかなか教えてもらえない

入社1年目女子 仕事のルール

平原 由紀子
Yukiko Hirahara

日本能率協会マネジメントセンター

はじめに

この本は、これから社会に出る方、そして働きはじめて間もない方のために書いた本です。

学生生活を終えて、社会人として働きはじめるみなさんは、期待と不安を抱えているのではないかな、と思います。もしかしたら、「ビジネスマナーくらいは勉強しておこう」と考えている方もいるかもしれません。

もちろん、「ビジネスマナー」は大事。けれども、実際の職場では、「正しい」と言われているマナーだけでは立ち行かなくなる場面があります。

なぜなら仕事は、思わぬアクシデントの連続だから。状況に合わせて賢明で気遣いのある対応ができるかどうかが、評価の分かれ目なのです。

そこで大切になってくるのは、**ビジネスマナーや仕事の出来栄え以前の「仕事のルール」**です。

とても大切なことなのに、先輩や上司も「知っていて当たり前」と考えがちで、ていねいに教えてくれるものでもありません。**「知っていて当たり前」だ**

から、できていないと「非常識」で、「気遣いができない」と思われてしまうことすらあるのです。

ですが、安心してください。

実は、みんな同じような失敗をしているのです。

この本には、私の周りで活躍している女性たちの新入社員時代のエピソードをたくさん盛り込みました。自分で会社を経営していたり、管理職として部下を率いて大きな仕事をこなしていたりと、現在、どんなに活躍している人たちも、新入社員の頃はさまざまな失敗を経験しているのです。

「私たちのような失敗をくり返してほしくない」という思いから、アドバイスの意味を込めてまとめたのが本書です。

この本でご紹介するのは、新入社員の頃に知っておきたかった「社会の常識」「仕事のルール」。本来の仕事以外のところでつまずくことがないよう、少しでも参考になれば、と思っています。

少しだけ私のことをお話すると、私はこれまで30年近く、広告業界で仕事をつづけてきました。仕事をはじめたころは、女性は働いても「結婚するまでの腰掛け」と思われる時代。とくに広告業界は、華やかに見えましたが、実はかなりの男性社会です。上司も、先輩も、同僚も男性ばかり。

「こういう場合はどうするんだろう?」とわからないことがあっても、気軽に相談できる同性の先輩はおらず、たくさん失敗をしてきました。

仕事をしっかりすれば、それだけで評価されるわけでもありませんでした。報告の仕方が悪くて男性上司の機嫌を損ねてしまうなど、思わぬ壁にぶつかって泣いたことも、悔しくて眠れない日もたくさんありました。

もちろん、仕事をするうえで、女性だからこそうまくいくこともありましたが、女性だからこそぶつかる「壁」もたくさんあったと感じています。

今は、女性が当たり前のように働く時代。結婚して、子どもをもって働く女性もずいぶん増えています。かつてに比べれば、女性にとって働きやすい世の中になっているのかもしれません。

それでも、女性だからこそぶつかる「壁」は、いまだに存在しています。

そのひとつの原因が、女性と男性のちがい。

この本では、そうした視点もご紹介していきたいと思います。

ここまで読まれると、「仕事ってなんだか大変そう……」と思われるかもしれませんが、仕事にはそれ以上の喜びや楽しさがあるものです。それは、学生時代には決して得られなかったものです。

この本をとおして、みなさんの働く不安を少しでも減らして、安心して、そしてワクワクしながら社会に出ていけるヒントをお伝えできれば、とてもうれしいです。

2018年3月　平原　由紀子

CONTENTS

大切だけどなかなか教えてもらえない

入社1年目女子 仕事のルール

PART 1
知らないと恥をかく!? 仕事以前のルール・マナー

PART 2

誰も教えてくれない先輩・同僚との付き合い方

PART 3

上司が任せたくなる仕事のコツ

PART 4

周りと差がつくちょっとした気くばり

PART 5

誰も教えてくれない10年後、後悔しない働き方

PART 1

知らないと恥をかく!?
仕事以前のルール・マナー

CASE 1

いつまで「リクルートスーツ」を着ればいい？

失敗談

配属されてからもずっとリクルートスーツを着て通勤していたら、女性の先輩から「もうスーツを着て通勤しなくて大丈夫だから」と言われました。自分から聞くに聞けず、タイミングがわかりませんでした。（コンサルタント、30代）

入社後の服装については迷いますよね。中には「私服で大丈夫ですよ」という会社もありますが、最初はリクルートスーツを着用する場合が多いでしょう。「万能服」とも思えるリクルートスーツは、いつまでも着る服ではありません。途中から「オフィスカジュアル」に着替える場合がほとんどです。

とは言え、「リクルートスーツはいつからいつまで着るもの」という決まりがないので、わかりにくいですね。

会社に同期が何人かいる場合は、相談してみんなで足並みを揃えることができます。また、年齢の近い女性の先輩がいればその方に相談することもできるでしょう。けれども同期の女性がいない場合や、男性が多い会社では、戸惑ってしまうかもしれません。

そんな時は、こう考えてみてください。

リクルートスーツは、最初の研修期間に着るのが一般的。

中には、特に研修期間がなく、すぐに配属されることがあるかもしれません。その場合は、初日や挨拶回りの日はスーツを着ることをおすすめします。

研修期間の日数は会社によって違います。1週間程度〜半年間とさまざま。

リクルートスーツを何着も持っているわけではないので、研修がつづく時は手持ちのブラウスなど、インナーを工夫するとよいでしょう。「研修期間」とは言っても、おしゃれ心は忘れないで、気分は上げていきたいですよね。

「研修が3ヶ月もある」という会社の場合、4月に入社してから3ヶ月……というと、途中で季節が変わるので、ずっと同じスーツで通すのも大変です。

そういう場合は、**「ジャケット」や「スカート」としてバラバラに着られるような、薄い素材のスーツ**があると便利。配属されたあとも何かと使えます。

リクルートスーツとして黒のスーツを持っていたら、次は薄い生地の紺のスーツを買い足すことをおすすめします。着まわしができて便利ですよ。

Point

迷ったらこうしよう!

- 「研修期間中」はリクルートスーツが無難
- ジャケットとボトムスをバラバラに着られるスーツがあると便利

CASE 2

オフィスカジュアルって何を着ればいいの？

失敗談

・「服装はカジュアルで大丈夫」と聞いていたのでノースリーブにサンダルで出社したら注意されました。（メーカー、管理職 30 代）
・制服があったのでデニムで出勤したら怒られました。（ホテル、管理職 40 代）

「オフィスカジュアル」は、きちんとした定義がないだけに、何がよくて何がダメなのかがわかりにくいですよね。

私が長くいたのは「ファッション専門の広告会社」ということもあり、服装はある程度自由でした。ですが、大きな失敗をしてしまったことがあります。

新入社員時代、「今日は会社で事務作業をするだけだから」と、ニットのセーターとフレアースカートという服装で出社しました。ところが夕方、上司から急に「今夜は出版社のパーティがあるから一緒に行こう」と言われ、ホテルの大きな会場でのパーティにはじめて出席することに。会場に着いて周りを見ると、きちんとしたスーツやフォーマルな装いの方ばかりでした。カジュアルな装いの私はとても居心地が悪く、挨拶どころではなかったのは言うまでもありません。

本当ならば、はじめて参加する出版社のパーティという華やかな場面にワクワクするはずです。さまざまなファッション誌の編集長も参加されていたので、ご挨拶できる絶好の機会です。それなのに、自分の服装がカジュアルすぎたため、オドオドして「早くこの場から立ち去りたい」と思ってしまったのは、とても残念でした。

いつもは服装に気をつけていても、「この日に限って」ということはあります。

特に入社して間もない時期は、急に呼び出されたり、上司に同行したりと、予期せぬことが起こります。

オフィスカジュアルの定義は難しいのですが、直訳すると「オフィスで着用するカジュアル服」。スーツほどかっちりした服装ではないけれど、仕事をするうえで失礼にならない服装ということですが、基本は**清潔感のある装い**のことです。

なお、夏場の服装は特に注意が必要。暑いとつい露出が多くなりがちです。17ページの失敗談は、おそらく「ノースリーブがダメ」なのではなく、露出が多かったのだと思います。

同様に、胸元が広く開いていたり、短すぎるスカートも要注意。周りも目のやり場に困ります。また、基本的に生足はNG（業界によってはOKなところもあります）。サンダルはOKだったとしても、ミュールは避けましょう。社内をカンカンと音を立てて歩くのは、周りの人が不愉快になるものです。

ネイルも、極端に濃い色やデコネイルなどは避けたほうが無難です。業界や社風によって服装はかなり変わってくると思いますが、**大事なのは清潔感のある装い**です。周りに不快感を与えてしまっては、どれだけおしゃれをしていても印象が悪くなってしまいます。まだ仕事をしていないうちにマイナスのイメージを持たれてしまうことは、絶対に避けたいですよね。

それでも迷ったら、**少し年上の先輩の服装を参考にする**といいでしょう。会社のカラーがつかめるはずです。特に季節が変わるタイミングは、チェックを怠らないようにしたいですね。

Point

迷ったらこうしよう!

- オフィスカジュアル=清潔感のある装いのこと
- 迷ったら先輩の服装のトーンを真似しよう

CASE 3

いつもジャケットを着たほうがいい？

失敗談

取引先との食事会の時、ジャケットを着ないで出席したら、ほかの出席者は全員着ていて居心地が悪い思いをしました。（商社、管理職 40 代）

「オフィスカジュアルで」というと、普通ジャケットスタイルまではイメージしないかもしれませんが、「営業職」の場合は違います。

「今日は取引先と会う予定はない」と思っても、いつ何があるかわからないものです。**ふだんから取引先に出かけられる服装**を心がけるのがよいでしょう。

私のいた広告代理店の取引先は、ファッション関係がほとんどで、服装はかなりカジュアルでした。それでも取引先の社長にお会いしたり、プレゼンをする時などは、いつもよりしっかりとした服装を心がけました。

特にきちんとしないといけないのは、トラブルが起きた時。

どんなに気をつけていたとしても、トラブルは避けられません。「広告掲載ページに誤りがあった」、「タイアップ広告で電話番号が間違っていた」など、これまでに経験したことを挙げればきりがありません。

トラブルが起きて取引先に説明とお詫びにうかがう際、カジュアルな服装では誠意が伝わりません。やはりジャケットのような、きちんとした服装のほうがいいでしょう。

「毎日ジャケットを着用すべき」とは言わないまでも、会社に常備し、いつでも取引先に着て行けるようにしておくといいでしょう。

もちろん「ジャケットさえあれば何でもよい」というわけではありません。ジャケットと合わせて違和感がないような服装がよいですね。襟のないニットにミニスカートのような服装にジャケットを合わせると「とりあえず、ジャケットを着てきました」という、チグハグな印象になってしまいます。

第一印象は大事です。初対面の時に感じた印象はいつまでも残るもので、挽回するのは限界があるものです。

大事な第一印象を決めるのは、あなたが着ている服装。感じがよく、かつ「仕事ができそう」に見えたほうがいいですよね。

そのためにも、**ジャケットは欠かせない勝負服**なのです。

Point

迷ったらこうしよう！

- **営業職は、ジャケットをオフィスに常備しよう**
- **「いつでも取引先に行ける格好」を目指そう**

CASE 4

有給って、いつ、どんな時にとればいい？

失敗談

・毎月の生理休暇をつらくもないのに思いっきりとっていました。（商社、管理職40代）
・有給休暇は毎年使い切っていましたが、「何があるかわからないので少しは残しておきなさい」と注意されました。（建設、管理職40代）

学生時代と社会人で大きく違うのは、簡単に休めなくなるということ。

もちろん、「有給」は、働く人たちに与えられた権利なので、休むことは問題ないことです。とは言え、みんなが働いている中で休むのは気が引ける――なんてこともあるかもしれませんよね。

そこで、ここでは気持ちよく有給をとるコツを考えたいと思います。

まず気をつけたいのは、**急に休まないようにする**こと。

病気などで急に会社を休むと、自分がやるはずだった仕事を別の誰かにやってもらったりと、確実に周りの負担を増やします。上司や先輩は優しく気遣ってくれるかもしれませんが、それを忘れないでください。

とは言え、「熱があったとしても、絶対に会社に行かなくてはいけない」というわけではありません。

もちろん本当に辛い時は休んで体調を治すのが大事ですが、そもそも突然休まないように健康管理をするのも社会人の務めなのです。

会社に入ると「上司はあまり会社を休まないな」と気づくでしょう。「特別丈夫な人たちだから」というわけではありません。責任が増え、自分の代わりになる人がいないので、簡単に会社を休むわけにはいかなくなるのです。

私は風邪っぽいなと思ったら、すぐに病院に行くなど、悪化させないように手を打ちます。そうするとひどくなって長引いたり、会社を休むようなことにはならなくて済むのです。

なお、冒頭でご紹介した生理休暇は元々、「生理日の就業が著しく困難な女性に対する措置」として、「使用者は、生理日の就業が著しく困難な女性が休暇を請求したときは、その者を生理日に就業させてはならない」と労働基準法で定められた制度です。毎月、すべての女性に認められたお休み、ということではありません。本当につらくて働くのに支障がある人のためにあるのだということを忘れずに。

症状がひどい時は、上司に伝えておくと休みやすいでしょう。上司が男性で相談しづらい時は、まず先輩の女性に相談してみるといいかもしれません。社内には同じようにつらい人もいるはずなので、アドバイスが受けられると思います。場合によっては男性上司にひと言伝えてくれるかもしれません。

また「有給は使い切らないと損」と思わないでください。「余ってしまっても仕方ない」くらいに考えるのがよいでしょう。

有給は「1年間で○日」などと決まっています。特に初年度の有給日数は多くはありません。早い時期に使い切ってしまうと、急な病気などの時に使えなくなってしまいます。そこは注意してくださいね。

有給は働く人に認められている権利ですが、使い方を間違えないようにしたいですね。

Point

迷ったらこうしよう!

- 急に休まないように体調管理には注意しよう
- 「有給は余ってしまっても仕方ない」と考えよう

CASE 5

夏休みは自由にとっていいと言われたけど、本当？

失敗談

相談せず２週間の夏休みをとり海外へ行こうとしたら、「休むなとは言わないが、学生ではなく社会人であり、新入社員なのだから決定する前に上司に相談し、業務に影響がないよう調整して」と言われました。（外資系不動産、管理職40代）

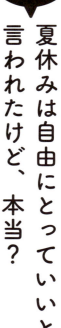

研修が終わり配属が決まると、あっという間に夏が訪れます。

お盆のタイミングで全社員が一斉に休む、というように夏休みが決まっている会社もありますが、中には「社員が決められた日数を一定期間のうちに休む」としているところも増えています。

「夏休みはいつとったらいいですか？」

そう上司に聞くと「いつでもいいよ」と言われるかもしれません。

けれども夏休みをとる時は、**誰かが休みをとると、ほかの人がカバーしなくてはいけない**ということを念頭に置いたほうがいいでしょう。もし同じ部署やチームの人が何人も同じタイミングで休んだら、仕事はストップしてしまいます。

とは言え、はじめのうちはどのタイミングでとるのがいいかは迷うところです。新入社員の間は、**上司や先輩が休みをとったあとで、バランスを見ながら決めると失敗はなくなる**でしょう。

ですが「この時期は誰も休んでいないから大丈夫」と、ひとりで勝手に決めてしまうのは危険です。「誰も休んでいない時期」が実は一番の繁忙期かもしれません。あらかじめ上司に確認・相談をしたうえで、夏休みをとるのが無難です。

営業職の場合、取引先との兼ね合いもあるので、社内調整だけではうまくいかないことがあります。ずっと営業職で何社もクライアントを抱えていた私は、クライアントの担当者と休みを合わせるなど、さまざま試行錯誤をしてきました。結局、お盆の時期が一番休みやすいなと気づき、お盆の時期に休むことが多くなりました。

もちろん夏休みをとることに問題はありません。でも**社会に出ると、自分本位では決められない**ものです。それを踏まえたうえで、計画を立てたいですね。

Point

迷ったらこうしよう！

- **上司や先輩の様子を見て、相談しながら決めるのが無難**
- **繁忙期に休まないように注意しよう**

CASE 6

社会人になったら必須のものってある？

失敗談

新卒で入社してからすぐ会長が亡くなり、手伝いをすることに。ですが喪服を持っておらず、あわてて買いに行きました。入社する時にそろえるもののひとつに喪服を加えるべきだと思いました。（PR マネジャー、40 代）

「社会人になったら必須のものとして、喪服を揃えましょう」と言うと、ピンと来ない方が多いかもしれません。

そもそも告別式に出たことがない、という方がほとんどかもしれませんね。けれども「必要な時」は、突然やってきます。上司のご両親が亡くなられてお通夜や告別式に参列したり、時には受付をお手伝いすることもあります。

スーツ、仕事用の鞄、手帳、筆記用具、名刺入れなど、会社に入ると揃えなくてはいけないものが多く、なかなか喪服にまでは気が回らないものです。あわてて手持ちの黒のリクルートスーツを着て参列する方も多いのですが、実はスーツと喪服は違います。スーツは、生地に光沢があるものが多いのですが、本来の喪服は生地に光沢のないものを選びます。

なお、お通夜に喪服を着るのは「不幸を予期していたようで、逆に失礼にあたる」と言われることがあります。ですが、「告別式は喪服を着なければいけないけれど、今日はお通夜だから大丈夫」と思って暗い色の服を着て行ったら全員喪服だった、ということもよくあるのです。

両日喪服で参列する方がほとんどで、喪服以外のほうが目立ってしまうというのが現実。ここはマナーよりも現実に合わせたほうが無難でしょう。
ほかにも、こういった点に注意しましょう。

- **中に着るブラウスは黒を選ぶ**
- **ストッキングは黒の少し透けるものを履く**
- **靴はストラップのないシンプルな牛皮の素材のパンプス、ヒールは5センチ程度**
- **バッグは布製の黒が理想**

最初からすべて揃えるのは大変ですが、頭に入れておくといざという時に恥ずかしい思いをしなくて済むでしょう。

Point

迷ったらこうしよう！

- 社会人になったら喪服も必ず揃えよう
- リクルートスーツの代用はＮＧ！

CASE
7

「マナーがなっていない」と思われないために注意したほうがいいことは？

失敗談

・急なお通夜で、ネイルを落とせず気まずい思いをしました。（PR マネジャー、40 代）

・会社関係の葬儀のお手伝いの時に、取引先ににこやかに挨拶をしたら先輩から場違いだと注意を受けました。（広告代理店、管理職 40 代）

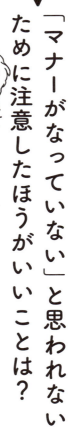

社会人になったら必ず勉強する、ビジネスマナー。

名刺の受け渡しや敬語などももちろん大切なのですが、**「マナーがなっていなくて恥をかいた」という経験がもっとも多いのが、冠婚葬祭の場面です。**

今回、この本を書くにあたっていろいろな方にインタビューをしたところ、特にお通夜や告別式にまつわる失敗談を多く聞きました。厳格な場だからこそ、ひとつの失敗が強い印象を与えてしまうのでしょう。

「喪服を用意したから大丈夫」と思っても、落とし穴はたくさんあります。

たとえば、会社関係で受付を手伝うこともあります。受付では弔問客に用紙に記入いただき、お香典を受け取る、という作業を行うので、どうしても手元が目立ちます。ですので、ネイルは要注意。お通夜や告別式でのネイルは、マナー違反。「マナーがなっていない!」と思われても当然のことなのです。

受付を手伝わなくても、お通夜や告別式ではたくさんの知り合いに会います。たとえ久しぶりだったとしても、大きな声で話し込むのは避けたほうがいいですね。

また、遺族にどう声をかけたらいいか、最初はわからないですよね。ほかの人の言うことを聞いて真似をしようと思っても、こういう場所ではみんな小声で話すので、聞き取れないことがほとんど。結局、何と言えばいいかわからず、モゴモゴしてしまいます。

決まりの言葉はありませんし、心がこもっていれば、本当は何を言わなければならないということはないのですが、「このたびは御愁傷様です」「心からお悔やみ申し上げます」などが一般的。

親しい間柄でも遺族の方と長話するのはご迷惑になるので気をつけましょう。最低限このようなことを心がけていれば、マナー違反で悪目立ちすることはないでしょう。

Point

迷ったらこうしよう！

- 冠婚葬祭の最低限のマナーを覚えておこう
- とくに、ネイルには要注意

CASE

8

SNSに仕事のことを書いてもいい？

失敗談

あまりに仕事が忙しく、つい「忙しすぎるから休めない。この会社ブラック！」とSNSに投稿したら、上司に「忙しいの？大丈夫？休んでいいから直接言ってね」と言われました。誰が読んでいるかわからないですね。（出版社、管理職30代）

最近はSNSを利用する人が増えているので、失敗談のような問題は頻繁に起こりそうですね。

SNSをやっていても「会社の人とはつながっていない」という人や、「ツイッターはつながっていない」という人が多いようです。しかし、会社の人とはつながっていないと言っても、「見られていない」とは限りません。

たとえばフェイスブックは、自分の投稿にコメントをくれた人が会社の人と共通の知り合いだった場合、設定によっては相手に自分のことが表示されてしまいます。ツイッターも、匿名にしない限り、電話番号を登録するとすぐに知り合いのおすすめユーザーに出てしまうのです。

それぞれ「探していた知り合いとつながれる」というメリットはありますが、**「知られたくないのに知られてしまう」というデメリットもある**のです。便利な機能である一方で、少しやっかいですよね。

この失敗から学べるのは、「会社の人に読まれないように匿名のアカウントをつくりましょう」ということではありません。このような**公共な場で、「会社の悪口は書かない、まして特定の人の悪口は書いてはいけない」**ということです。

会社の悪口だけでなく、社内外の機密情報の投稿が厳禁であることは、言うまでもありませんね。

わざわざ機密情報を投稿することはないでしょうが、たまたま会社で写真を撮ったら、その後ろに会社の人事情報が写り込んでいた――などということもあるのです。

SNSは日常生活から切り離せないものですが、たくさんの危険をはらんでいます。**気をつけて発信していても、実際は誰が見ているかわからない**ということを念頭に置いておくとよいでしょう。

Point

迷ったらこうしよう！

- SNSに仕事のことを書くのは控えよう（特にマイナスなこと）
- 写真などにも要注意

CASE
9

敬語は完璧に覚えなきゃダメ？

失敗談

クライアントからの質問に、ついクセで「うん、うん」と相槌を打ち、「弊社的には……」「御社的には……」と何かにつけて「○○的」と話していたらしく、途中で上司だけが話すようになりました。（商社、管理職 30 代）

敬語は難しいですよね。

ほかにも、こんな失敗談をうかがいました。

- **取引先で「こんにちは」と言ったら、上司から挨拶は「こんにちは」ではなく「お世話になっております」だと指導されました。**
- **新入社員の頃に「ごめんなさい」と謝ったら、「ビジネスの場面では、すみません、あるいは、申し訳ありませんと言うように」と注意されました。**

このほかによく間違うのは、上司に返事する時の「了解しました」。本当は「承知しました」「かしこまりました」が正しい言葉です。

敬語について失敗したことがない人はいないのではないかと思うほど、正しい敬語を使いこなすのは難しいものです。

最初は、電話で上司のことを呼び捨てにするのも抵抗がありますよね。いつも「〇〇部長」と呼んでいるのにいきなり「〇〇はいま席を外しております」などと言っていいのだろうか、と戸惑うかもしれません。そしてせっかく上司の名前は呼び捨てにできても、「○○はいま、いらっしゃいません」などと言ってしまったりするのもよくある間違いです。

――このようにミスや失敗談をあげるときりがないのですが、**敬語の間違いを怖がりすぎる必要はありません。**

敬語の失敗は、新入社員であれば許されるもの。**間違いを怖がって電話や会話を避けるよりも、積極的に電話をとり、会話をする人のほうが好印象**です。

苦手なことも、回数を重ねると慣れていきます。最初は言えなかった敬語も、何度も何度も話す経験を積んでいくと、いつの間にかすらすら出てくるようになります。だから安心してくださいね。

Point

迷ったらこうしよう！

- 敬語の基本は勉強しておこう
- でも、敬語の間違いを気にしすぎず、積極的に話をしよう

CASE 10

職場での挨拶、何が正解？

失敗談

朝、会社に着いてそのまま黙って席にいると、上司から「おはようございます」と毎日のように言われつづけ、少し経ってから、「挨拶しなさい」と言われているんだと気づきました。（広告代理店、管理職 40 代）

挨拶は、会社でわざわざ指導されるものではないので、どう振る舞うのが正解か、わかりづらいものですよね。

そのせいか、気づかないうちに、「挨拶もろくにできないなんて」と、上司・先輩に思われてしまうこともあるのです。

実際のところ、大きな声で「おはようございます」と挨拶する人が多い会社、あまり挨拶をしない会社など、職場によって挨拶の習慣はさまざまです。ですが、**挨拶をせず感じが悪いと思われることはあっても、挨拶をして損をすることはありません。**

なお、上司から「挨拶しなさい」と言われることはほとんどありません。

つまり、新入社員のうちにきちんと挨拶をしないクセがついてしまうと、ずっとそのままになってしまいます。だからこそ、**早い段階で「気持ちのいい挨拶」を習慣にしてしまうことをおすすめします。**最初が肝心です。

朝の**「おはようございます」**はもちろんのこと、外出する時の**「行ってきま**

せん。

す」、退社する時の「お先に失礼します」も大事な挨拶です。忘れてはいけま

さらに帰る時には、「何かお手伝いすることはありますか？」のひと言があるとよいですね。

また、会社の廊下ですれ違ったり、お手洗いで出会ったりした人にも、「お疲れさまです」とひと言挨拶をするだけで気持ちがよくなります。

照れくさくて口の中でモゴモゴと話したり、ペコっと会釈しただけで済ませてしまう人と、きちんと挨拶ができる人、どちらが周りに元気ややる気を伝えられるかは、言うまでもありませんよね。

特に「自分は口ベタだ」と思っている人こそ、まずは、元気とやる気が伝わる挨拶をすることからはじめてみませんか？

それだけでも、かなり印象は変わるものですよ。

また、毎日の挨拶だけではなく、お正月明けの挨拶も大切です。直属の上司、先輩、自分の席の近くの人たちには必ず新年の挨拶をしましょう。それだけで

ずいぶん印象が変わります。

年明け松の内の1月7日くらいまでは、メールでも電話でも、「いつもお世話になっております」だけではなく、「明けましておめでとうございます」を付けるとよいですね。

「たかが挨拶」と思いがちですが、**仕事ができる人は決まって挨拶ができるものです。**「自分から挨拶をする」ことを心がけましょう。

小さなことかもしれませんが、入社したらすぐにできることです。**たったひと言で相手が気持ちよくなる挨拶**を目指しましょう。

Point

迷ったらこうしよう！

- 挨拶は新入社員のうちに身につけよう
- お正月など、季節の挨拶も忘れずに

CASE 11

人見知りで初対面の人と話すのが苦手。どうしたらいい？

失敗談

自分なりに手順を覚えて、名刺交換しながら名前を名乗るというのができるようになった頃、上司から「相手の目を見ながら名刺を差し出すように」と言われました。自分の手元しか見ていなかったようです。（コンサルタント、40代）

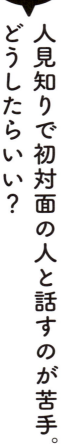

人見知りで初対面の人が苦手——こういう方、多いのではないかと思います。私も、いくつになっても初対面の人と話す時は、緊張してしまいます。特に初対面の「名刺交換」は、緊張しますよね。

名刺を渡しながら、自分の名前を名乗らなくてはいけません。相手の目を見ながら——という余裕は、なかなかないですよね。

けれども、ここで「**目を見ながら渡す**」ことができると、相手の印象はかなり変わります。人見知りの人でも、それだけで相手の印象はよくなります。

人見知りで、目を見て話すのが苦手なAさん。社会人になってから10年くらい経った頃、上司から「取引先の○○さんが、『Aさんはいつも目を見て話してくれない。嫌われているみたいだ』と言っていた」と聞いて驚いた——こんな話をうかがったこともあります。

人と話すのが苦手、緊張して目を合わせて話すことができない、というのは、ベテランになっても変わらないことなのです。

それに、自分のことはわからなくても、相手が「自分のことを見てくれない」というのは案外気づきやすいものです。

たとえば、取引先と打ち合わせをしている時、相手の担当者が上司のことしか見ていなかったら、なんとなく疎外感を感じてしまいます。確かに、ほとんど上司が話していて、自分は同席しているだけであれば、先方があなたを見る必要はない気もします。

けれども、たとえ話しかけられなくても、時々自分の目を見てくれると、それだけで「話に参加している」という気持ちになれるものです。

視線を合わせる、合わせないは、思いのほか人の気持ちを左右させるのです。

たかが「目を合わせる」「目を合わせない」ということですが、これだけで印象が良くなるし、人間関係も良好になるし、さらに仕事もやりやすくなります。

人見知りで、何を話したらよいかわからないという人も、まずは怖がらないで視線を合わせて挨拶をしてみてください。たとえ流暢に話せなくても、いい印象は残せるものです。

いきなり変えるのは難しいものかもしれませんが、今日から早速はじめてみましょう。

継続は力なり、です。

Point

迷ったらこうしよう！

- 「目を見て、元気な挨拶」まずこれだけは、やってみよう

PART 2

誰も教えてくれない
先輩・同僚との付き合い方

CASE 1

同期とはどうやって付き合えばいい？

失敗談

・ボーナスが上がり喜んでいたら、同期は上がっておらず気まずい思いをしました。（商社、管理職 40 代）
・同期をニックネームで呼んだり、内線電話でくだけた口調で話したら、「仕事中だから」と上司に注意されました。（コンサルタント、40 代）

同期はじめて会社で出会う、いわば仲間。

学生生活を終えて社会に入るのはワクワクすることですが、その反面、誰でも緊張した気持ちも抱えています。そういう時に出会う**同期は、同じ気持ちが共有できる心強い存在**です。

転職をすると同期入社の人がいない場合が多いので、いわゆる同期は新卒の会社だけで出会える、貴重な存在です。生涯にわたっての大事な友人になることもあるでしょう。

だからといって学生時代の友人のように接すると、いろいろな問題が起こります。

たとえば社内でばったり会った時。つい話をしたくなりますが、ここは学校ではなく会社。仕事に関係のないことばかりを話していると、先輩や上司に「やる気があるの？」と思われてしまうこともあるでしょう。

また、**友だちのような言葉遣いも要注意。**ふだんは丁寧に話している新入社員が、電話で同期と話す時だけガラッと口調が変わり、くだけて話すのは、周りにいる人たちを不安にさせます。誰も聞いてないと思っていても、案外聞かれているものです。

もちろん、仕事を離れた場でまで敬語を使う必要はないでしょうが、**職場では節度をもって接する**ことをおすすめします。


とは言え、同期の存在はありがたいもの。仕事で困った時に相談できるのは貴重ではないでしょうか。誰よりも状況がわかるだけに、的を射たアドバイスをもらえるものです。

だからと言って、つい自分の部署のことや、仕事の愚痴などを詳細にペラペラしゃべってしまうのは考えものです。聞いたほうは悪気なく自分の部署の同僚に話してしまうかもしれません。それが回りまわって上司の耳に――ということも。**話しやすい相手であるからこそ、注意したほうがいい**でしょう。

また、冒頭で紹介した失敗談のように、**「お給料やボーナスの額」は、たとえ同期でも言わないほうがいい**ですね。1年目はお給料もボーナスも全員同じという会社がほとんどですが、2年目からは「査定」がプラスされます。月々のお給料やボーナスも変わってくるのです。だからこそ実力が評価されてがんばれるということなのですが、うかつに金額を話さないほうが賢明です。

相手が自分より金額が多かったとしても、少なかったとしても、お互いにギクシャクしてしまいます。少なかったほうはショックですよね。今までのような付き合いがしにくくなることもあります。こうした余計なストレスは、避けたほうがいいでしょう。

このように書くと「同期は友だちではないのだから一線を引かなくてはならない。表面的な関係にしておいたほうがよい」と思われるかもしれませんが、そういうことではありません。同期は同じ職場で働く「同志」のような存在。悩んだ時には支え合う存在だからこそ、節度をもって付き合っていきましょう。

Point

迷ったらこうしよう！

- 職場では、たとえ同期にでもくだけた言葉遣いをしないように
- お給料の金額は、同期にも明かさないのがマナー

CASE
2

社内の悪口、どうリアクションすればいい？

失敗談

社内の飲み会で誰かが上司の悪口を言い出し、その話で盛り上がりました。意見を求められ、雰囲気を壊してはいけないと思い「私も苦手です」と言ったら、その話が本人に伝わり微妙な空気になってしまいました。（輸入メーカー、管理職 30 代）

こういう失敗はけっこうありそうです。もしかしたら、学生時代にも同じような経験をした方がいるかもしれませんね。

特にお酒が入った会で起こりがちですね。少人数で食事をしていると、つい愚痴や悪口を言いたくなることも。仕事が終わって疲れていたりすると、ストレス発散のため悪口に拍車がかかってしまうこともあります。

本当に親しいメンバーならば、誰かの噂話でも「私はそうは思わない」などと自分の意見をきちんと言えるものです。でも、会社の先輩も一緒のような場面では、なかなかそうはいきません。

先輩に「〇〇さんはどう思う？　あの人のこと。意地悪だと思わない？」などと言われたら、よくわかっていなくても「そうですね、そんな感じですよね」とうっかり同調してしまうこともあるかもしれません。

その時はうまくかわしたつもりでも、その場にいた人がうっかり本人に伝えてしまうこともあるのです。「新入社員の〇〇さんも言っていたよ」などと伝えられたら、たまったものではありません。

こうした悪口や批判めいた話は、否定をしにくい場面であればこそ、同調もせず、**「よく知らない人ですので……」とサラッとかわす**のがよいでしょう。

「知らない人のことだけれど、相手の言い分はたくさん聞いてあげなきゃ」と根掘り葉掘り詳細に聞いていると、「興味がある」と誤解をさせてしまうことがあるので、**できるだけ早くその話を終わらせるようにするのが賢明**です。

たとえ本当に嫌な相手だったとしても、「そうそう」と話に乗って、自分も悪口を言わないようにします。

飲み会での会話は、その場限りで意味がないものも多く、話した本人ですら忘れてしまうことが多いものです。ですが、一度話した言葉は、取り消しができないのも事実。**軽い気持ちで言った言葉が独り歩きしてしまう可能性もある**のです。

これは飲み会の場に限ったことではありませんね。

社内の悪口は言わないのが一番です。

誰かから伝えられた悪い情報は、直接聞くよりもネガティブなイメージが強くなります。そして伝えられたほうは、ついその言葉を鵜呑みにしてしまい、何となく相手を見る目が変わってしまうのです。

社内の人間関係がギクシャクしてしまうのは、何も派手な喧嘩が原因ではありません。こういう些細なことがきっかけになることのほうが多いのです。

職場は一日の大半を過ごす場所ですから、気持ち良く過ごしたいですよね。そのためにもトラブルの種になるようなことは、自分からはつくらないに限ります。小さなことですが、**「悪口に付き合わない」のは、会社での生活を快適に過ごす大事なコツ**なのです。

Point

迷ったらこうしよう！

- **本音はどうあれ悪口には絶対に乗らない！**
- **悪口に出会ったら、話を切り替えよう**

CASE
3

女性の先輩と男性の先輩、接し方は変えたほうがいい？

失敗談

女性の先輩から取引先の状況を教えてほしいと言われたので、男性の先輩にしていたように大まかな説明をしたところ、「取引に至った経緯は？」「トラブルはどういうことから起こったか？」とかなり詳細に聞かれました。（商社、30代）

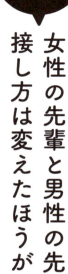

当たり前のことですが、一緒に働く先輩は一人ひとり違う性格をもっています。でも、特に男性と女性では、わかりやすい違いがあるものです。

それぞれの特徴を押さえておくと、思わぬ失敗やミスを防ぐことができるので、紹介しましょう。

まず、**男性の先輩に何かを報告する時は、結論を最初に伝えるように**しましょう。

私たち女性は、ついつい出来事の経緯を起こった順に伝えようとします。すると最後まで話を聞かないと結論がわかりませんが、こうした話し方は男性には通じません。よかれと思って説明しているのにもかかわらず、聞いているほうはイライラしてしまうのです。

はじめに結論を話してから、要点を簡潔に説明することが大事。

こうした話し方は、男性の先輩に対してだけでなく、外国の方と仕事をする時にも役立ちます。

また、男性の先輩は、「聞いていない」ことに反応します。何でもかんでも知りたいわけではないようですが、トラブルやほかの部署にかかわることなど、**「これは伝えておいたほうがよいかも」と思うことは、伝えておく**だけで丸く収まります。

時々、「男性の先輩がわかってくれない」という話も聞きますが、基本的に、男性は察しがよくない場合が多いのです。**「言わなくてもわかってくれる」のではなく「言わないとわかってくれない」**のです。意地悪でやってくれないわけではありません。

お願いしたいことなどは、わかってくれるのを待つのではなく、こちらから伝えるようにするとうまくいきます。

一方、女性の先輩の場合、男性よりも察しはよいかもしれないですが、細かい傾向があります。そのため、**女性の先輩には、マメに報告する**ようにしたほうがよいでしょう。

冒頭の失敗例のように、資料を渡したり説明したりする時にも、入念に準備する必要があります。「少し不安だけど、まぁ大丈夫だろう」と適当にしたままにすると、必ずその点を突かれてしまいます。

女性の先輩を納得できるような準備ができるように、と訓練しておくと、わからないことを自分で確認するクセがつき、あなたの仕事力が高まるでしょう。


会社には人事異動がつきものです。

男性の上司・先輩と一緒に仕事をしていた時は大丈夫だったことが、上司が女性に変わったら今までのようにいかなくなった――こうしたことはよくあります。もちろん、逆も同じです。

男性と女性の傾向を知っておくと、仕事がやりやすいかもしれません。

Point

迷ったらこうしよう！

- 男性には、結論を先に伝える
- 女性には、マメに詳しく伝える

CASE 4

年齢が離れた女性の先輩と、うまく付き合うコツは？

失敗談

上司と取引先の40代の女性の話になり「あの人あの歳で一度も結婚したことがないんですよ。彼氏もいないみたいですし痛いですね」と言ったら上司の顔がひきつりました（上司は40代で独身の女性）。（元広告代理店、現在管理職30代）

社会に出るまで家族や親戚以外で年齢が離れた女性に接することなどほとんどなかった、という方が多いのではないでしょうか。

会社に入ると、いろいろな年代の女性がいるので少し緊張しますよね。同性なだけに、女性の先輩・上司と話すほうが緊張する、という方もいるでしょう。ましてや何年も会社にいて、会社のことを知り尽くしている、いわゆる「お局さま」のような方には、恐くて近寄れないという方もいるかもしれません。

「お局さま」というと、意地悪で社員をいじめる陰湿なイメージですが、実際はそんな人がたくさんいるわけではありません。会社に長く勤務しているベテランの女性のことを、そのように言うのだと思います。

「私には姉がいなかったので歳上の女性にどう接したらよいかわからず、いつも遠巻きに見ていました。でも私の同期のひとりはとてもフレンドリーに接していて、仕事で大変な時も助けてもらっていました。私は結局距離が開いたままでしたが、恐がらずにこちらから歩み寄り、いろいろ教えてもらえばよかった、と後から思いました」

こういった話を、うかがったことがあります。

年齢の離れた女性を、「恐い」と思って気を遣いすぎて、距離をあけてしまったら、相手も近寄りづらくなってしまいます。自分のことを恐がっている人にはなかなか歩み寄れません。

一方で、無邪気に頼ってくれる人には、相手も心を開くものです。

これは年齢の離れた女性に限らず、一般的に**「仕事はできるけれど、自分に愛想のない人」よりも「仕事は多少できなくても、自分に心を開いて接してくれる人」のほうを可愛がる**ものなのです。

必要以上に気を遣う必要はありませんが、少しだけ歩み寄ってみてはいかがでしょうか？

会ったとたんに「マズい！」という顔をしてバタバタと立ち去られてしまったら、いつまでたっても距離は縮まりませんよね。

たとえば、廊下ですれ違ったら笑顔で挨拶をし、会社の化粧室で会ったらひと言声をかけてみる。最初はその程度でよいのです。慣れてきたら、雑談や質問をしてみるとだんだん関係が変わっていきます。

実際に接してみたら、いろいろなことを教わることができるはずです。女性ならではの悩みを打ち明けたりすることもできるでしょうし、いざという時に味方になってくれるかもしれません。

自分で垣根をつくらないで飛び込んでみると、たくさんの学びがあるはずです。

とは言え、**「親しき仲にも礼儀あり」は、同性の先輩であっても同じ**です。

冒頭の失敗談は、上司に親近感をもっているからこそ、こういう会話ができるのですが、気をつけたいですね。「上司のことを言っているわけではないから」とまったく悪気がないだけに言われたほうも反応に困ります。

もちろん面と向かって怒ったりすることはないと思いますが、こういう些細な言葉こそ、なんとなく心に残ってしまいます。相手に「年齢が離れている」ということを実感させてしまいます。

年齢のこと、または恋愛や結婚などプライベートな話題に自分から踏み込むのは避けましょう。先輩が自分から話題に出した場合はいいでしょうが、最初は当たり障りのない会話にとどめておくのが賢明です。

いい関係になって、少しずつ距離が縮まれば、そういう会話も自然とできるようになるものです。

考えすぎると何も話せなくなってしまうかもしれませんが、「このことを話したら相手はどう思うのかな」と想像力を働かせた会話が大事。

これは誰と話す時でも心がけるといいことですよ。

Point

迷ったらこうしよう！

- **距離をつくらず、飛び込んでみよう**
- **ただし、話題には配慮しよう**

CASE 5

「敬語じゃなくてもいいよ」と言われたけれど、本当にいいの？

失敗談

会社に、年齢も近くとても気の合う先輩がいて、その先輩が「敬語じゃなくていいよ」と言ってくれたのでタメロで話していたら、上司に怒られました。組織としては、「親しき仲にも礼儀あり」なのだそうです。（商社、管理職 40 代）

ひとくちに先輩と言っても、年齢、性別、性格などさまざまな方がいます。それだけに年齢が近い同性の先輩がいた場合、なんでも気軽に相談できる心強い味方になってくれることもあるでしょう。

でも、失敗談で紹介したようなこともあるので、注意が必要です。「敬語は使わなくていいからね」と言われると、うっかり真に受けてしまうこともあるかもしれません。

そのように言ってくれた先輩本人は本心からそう思っているのでしょうが、**職場では誰が聞いているかわかりません。**「先輩に対してタメ口で話すなんて、マナーができていない。信頼して仕事を任せられない」などと思われてしまうかもしれません。

そう考えると、やはり**友だちのようにフランクに話すのは、控えたほうがいい**でしょう。周囲に誤解を与えてしまう可能性が高いためです。

ただし、敬語は使い方によっては、お互いの距離が開いてしまうこともあります。

年齢が近い先輩に、「〜していらっしゃいますか？」「お聞きになりましたか？」「お出来になりましたら」などのような言葉を連発すると、相手をイライラさせてしまうかもしれません。敬語を使おうと意識しすぎると、極端に丁寧すぎる言葉になってしまうのです。そうした丁寧すぎる言葉遣いに違和感を抱いて、「敬語は使わなくてもいいからね」と遠まわしにアドバイスをしてくれる先輩もいるかもしれません。

あまり意識しすぎることなく、「〜されますか」「聞かれました？」などと話せば十分でしょう。

また、仕事をしていると、取引先で偶然知り合いに会うことがあります。学生時代の友人にはつい、いつものように気軽に話したくなります。友人に敬語を使われるのは、なんだか違和感があるものです。先方も、「敬語はいいからね」と言ってくれるかもしれません。

二人だけの関係ならばそれでいいかもしれませんが、いろいろな年代の人たちと力を合わせていくのが仕事というもの。**さまざまな人が見ている**のです。

たとえば、上司が丁寧な言葉遣いをしているのに、新入社員のあなたが、友人だからという理由で、取引先の担当者とカジュアルに話すのは不自然です。そんな様子を見ていた取引先の担当者の上司が、誤解をする可能性もあります。先輩や取引先の担当者など、一緒に仕事をする方と仲良くなるのは、悪いことではありません。でも、**ある程度の緊張感が必要**です。「なあなあ」な関係になってしまっては、周りに誤解される可能性もありますし、緊張感がなくなり、結果にも結びつきづらいものです。

何年も仕事を経験してベテランの域に入ったら、言葉遣いでとがめられたりすることはありませんが、新入社員のうちはそういきません。**一人前になるまでは、服装や言葉遣いが印象を決めてしまう**ものなのです。

丁寧な言葉を心がけましょう。

Point

迷ったらこうしよう!

- **「職場では敬語」が基本**
- **ただし、丁寧すぎる言い回しは避けよう**

CASE 6

「何でも話して」と言う先輩、本当に何でも話していいの？

失敗談

新入社員研修中、同期の女性が、彼氏のことなどプライベートな話をしゃべりまくっていました。私たち同期もうんざりしてしまいましたが、当然上司や先輩の印象も悪くなってしまい、その後の配属にも影響したようです。（医療関係、40代）

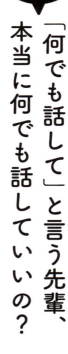

入社してすぐの頃は、出会う人すべてが初対面。程度の差はあれ、みんな「うまくやっていけるか」と、不安を抱えているでしょう。**社内の人たちとの距離感がわからない**という方もいるかもしれません。

それと同時に、新入社員を迎える側の上司・先輩たちも、「早く馴染んでもらうためにはどうしたらいいか」と考え、さまざまな気遣いをしてくれます。そんな思いから、「何でも気軽に話してね」と言ってくれる方も多いでしょう。

けれどもその言葉を真に受けて、**本当に何でも話してしまうのは、あまり賢いことではありません。**

たとえば失敗談のように、**自分のプライベート（恋愛など）のことばかりを話すのは考えもの。**73ページの失敗談の場合、上司に「彼氏」のことを話したのが問題なのではなく、職場で「彼氏」の話ばかりしていたことが問題です。仕事に対してやる気がないと思われてしまう可能性も考えられます。

まだ働いてもいないうちに、勝手に自分のことを判断されて印象が悪くなってしまったら残念です。

「何でも話してね」というのは、「会社に入って何か悩んでいることはない？」

という周りの気遣いなのです。

プライベートのことはさておき、仕事をしていく中で「困ったこと」があれば、遠慮なく伝えましょう。言葉遣いやコピーの仕方など、些細なことでもかまいません。

上司・先輩の仕事は、一日も早くあなたが一人前になるよう育てること。「困ったこと」「わからないこと」を、遠慮して話せずにいると、一人前になる日が遠ざかってしまいます。それでは、かえって上司・先輩に迷惑をかけることになるのです。

先輩の言葉に込められた想いをつかんで、期待に沿えるような働きぶりができるようになること。まずはそんな姿を目指してみませんか？

Point

迷ったらこうしよう！

- **仕事で困ったことは、何でも話そう**
- **プライベートな話題は控えるのが賢明**

CASE 7

職場にどうしても苦手な人がいる。どうしたらいい？

失敗談

嫌な感じの別部署の人とのミーティングでイラっとしてしまい、語気が荒くなってしまいました。こちらの意見を無理やり通したら相手を怒らせてしまったようで、その上の上司からクレームが入ったことがありました。（百貨店、40代）

職場は気が合う人ばかり――ならば理想的ですが、**どこにいっても苦手な人や嫌な感じがする人はいる**ものです。

学生時代は、気が合う人と付き合い、気が合わない人とは付き合わないということもできましたが、仕事となると、そうもいかないのが現実です。

なので、社内では、誰とでもうまく付き合っていくことが大切です。

嫌な人とも仲良くなる必要はありませんが、誤解されたり、嫌われてしまうことは避けたいですね。いつ人事異動で苦手な人と一緒に仕事をすることになるかわかりませんから、「敵」はつくらないほうが賢いでしょう。

もちろん社外の付き合いも同じです。取引先の担当者やお客さんなど、ダメ出しされたことに腹を立ててムッとした態度をしてしまっては、今後付き合っていくのが難しくなります。仕事で付き合う人と仲がこじれて、得をすることは何ひとつありません。

そこで**最低限、身につけたいのが、「嫌な相手でも顔に出さない」こと。**

「そんなの当たり前でしょ」と思うかもしれません。でも、意外とできていない方が多いのです。人間だから、つい顔や態度に「嫌だな」という気持ちが出てしまいます。

失敗談のように、「イラっとした気持ち」は、自然と顔や態度に表れてしまいます。それを相手も敏感に感じ取ってしまい、雰囲気が悪くなり、相手の態度も悪くなる――こうして、人間関係がこじれてしまうのです。

たとえば面倒な仕事を頼まれた時や、上司から注意された時など、つい感情を顔に出してしまうことがあります。そういう態度をとると、上司は、あなたのことを「生意気だ」とか「難しい性格の人だ」と思ってしまいます。すると、「もう彼女に注意をするのはやめておこう」とか「仕事を頼むのは別の人にしよう」と思われてしまいます。

それでは、いつまでたっても一人前になれません。

やる気があっても、周りに信頼されなければ思うような仕事もできなくなってしまいます。

では「嫌な気持ちを顔に出さない」ためにはどうしたらいいでしょうか。

私の経験上、まず**「苦手な人」「嫌な人」と相手のことを決めつけない**ほうがいいと思います。一度でもそう思うと、相手のちょっとしたことも、ネガティブにとらえてしまい、こちらも嫌な態度に出てしまうからです。

「嫌だな」と思う人がいる場合、できるだけその人のいいところに目を向けるようにしましょう。「細かいけれど絶対にミスをしない」「すぐに怒るけれどいざという時は頼りになる」など、必ずいいところはあるものです。いいところに目を向けると、相手に対して尊敬の気持ちが生まれます。

また、「嫌なことを言われたな」「理不尽なことを言われて悲しいな」と思ったら、とりあえず深呼吸してみましょう。**感情に任せて行動しないように、「嫌だな」と感じた時は、お手洗いに行くなど、いったんその場を離れる**のもいいかもしれません。

そして、**嫌な気持ちを引きずらないことも大事**です。嫌なことはすぐに忘れてしまうのが快適に過ごすコツです。嫌なことがあった日は、同僚と美味しいものを食べに行ったり、映画を見たり、音楽を聞いたりして気分転換をしましょう。

嫌な気持ちはその日のうちに流してしまいましょう。次の日には持ち越さないのがとても大事。そうすると相手も嫌な態度に出ることは少なくなるはずです。

「顔に出さずに何ごともなかったかのようにやり過ごす」ことは、ベテランになってもなかなかできることではありません。でも、このテクニックを身につけると、この先さまざまなことがうまくいくでしょう。

難しいことですが、少し工夫するだけでずいぶん変わるはずですよ。ぜひ試してみてください。

Point

迷ったらこうしよう！

- 嫌な気持ちを顔に出さないように
- 嫌な気持ちを引きずらないことも大事

PART 3

上司が任せたくなる仕事のコツ

CASE 1

上司が間違っているのに怒られた。反論したほうがいい？

失敗談

上司に「先日お送りしたメールの件いかがでしょうか」と確認したところ「そんなメールはもらってない」と。「送りました！」と伝えると同時に、前に送ったメールを探して再送したら上司が不機嫌になってしまった。（商社、管理職40代）

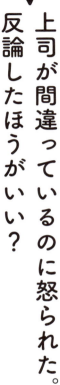

上司は、おそらく働き始めてはじめて出会う目上の存在。どう接したらいいか、迷うこともあるでしょう。

そこで、ここからは、上司との付き合い方を考えていきたいと思います。

まず、上司も人間ですから、いつでも完ぺきなわけではありません。間違うこともあります。ですが、**間違った時に「それは違います」と指摘すると、関係がこじれて、スムーズに仕事が進まなくなることもあるので注意が必要です。**

失敗談をもとに、少し考えてみましょう。

確かに送ったのに、「メールを受け取ってない」と言われたら、すぐに送ったメールを再送したくなる気持ち、よくわかります。

ここで、上司の立場になって考えてみましょう。上司はそんな態度を見て、どう感じるでしょうか？

メールの確認を忘れていたのは、上司の責任です。でも、前に送ったメールを再送されたら、まるで揚げ足をとられたかのように感じても不思議ではありません。そもそも、上司には毎日山のような数のメールが送られてくるので、どうしても見過ごしてしまうメールが出てきます。それなのに「送りましたよ」とばかりに証拠を突きつけられても、上司が嫌な気持ちになるだけです。**自分の正当性を主張したところで、何の得にもならないのです。**

こういう時は、「お送りしてなかったでしょうか、いまから送ります」とメールを送り直せばいいのです。もしかしたら「ごめん。前に送ってもらっていたかもしれないね」と、上司が気づいてくれることもあるかもしれません。いずれにしても、メールの返事を確認する、という仕事の目的はスムーズに達成できるでしょう。

仕事を進めるためには、その場で責任を追及して、わざわざ不機嫌な気持ちにさせる必要はないのです。

このように、**「上司を立てる」ことも、仕事を進めるコツのひとつ。**

「上司を立てる」と言うと、「ゴマスリ?」と思う人もいるかもしれませんが、そうではありません。上司に気持ちよく仕事をしてもらうということなのです。

それに、上司を立てることによって、信頼関係が生まれやすくなります。仕事も一気にやりやすくなるのです。困った時は相談に乗ってくれるでしょうし、仕事を任せてくれるようにもなるでしょう。加えてあなたの評価も高まり、自分がやりたい仕事ができる可能性も高まります。相談しやすく、自分を認めてくれる上司がいるのはとても心強いことなのです。

「上司を立てなきゃ」と思うと少し面倒な気持ちになるかもしれません。急にやろうと思っても不自然になるだけです。まずは日常の一つひとつのやり取りを、意識してみてください。**ポイントは、上司の気持ちを想像すること。**

上司に限ったことではなく、誰でも相手の気持ちを想像できる人は、自然と周りに応援されるようになりますよ。

Point

迷ったらこうしよう！

- **責任の追及より、仕事を進めることを優先しよう**
- **時に上司を立てるのも、仕事をスムーズに進めるコツ**

CASE 2

上司がよく言うホウレンソウってどういうもの？

失敗談

トラブルが起こった時に、最初から相談すると「自分で考えなさい」と怒られ、伝えるタイミングを逃し事が大きくなると「早く言いなさい」と言われ、タイミングと解決案をあわせて報告することが必要だと実感しました。（広告代理店、40代）

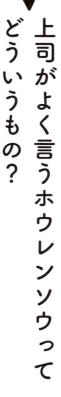

入社すると**報告、連絡、相談、「ホウレンソウ」は社会人の基本**だと言われます。ホウレンソウは上司と部下の信頼関係を築きあげる大事なものですが、どのレベルで伝えればよいのか、最初はわかりにくいかもしれません。

上司によっては「細かいことをいちいち言わなくていい」という人もいれば、「すべて報告するように」という人もいるでしょう。上司のタイプを見極めないといけないので、慣れないうちは少し面倒かもしれません。

ですが、ミスやトラブルなど絶対に忘れてはいけないホウレンソウもあります。上司に伝えるのが遅くなってしまったせいで、会社に損害を出してしまったなんてことも珍しくないからです。

何を、どのタイミングで伝えればいいか、迷うこともあると思いますが、**最初のうちは、マメにホウレンソウをする**ことをおすすめします。どれが大事なことで、どれが言わなくてよいことかを判断できないうちは、**「気がついたことは、とりあえずすべて上司に伝えておく」**といいでしょう。あらたまって上司に話すというよりも、普段のコミュニケーションがとても大事です。雑談の中で「そういえば、こういうことがありました」と、取引先の状況を話しておけるとスムーズですね。

気になったことがあったけれど、すぐには話せない時は、メールを送っておくといいでしょう。

なかなか話す時間がなければ、**たまには上司をランチに誘う**のもいいかもしれません。情報が共有できるので、「知らなかった」「聞いていない」ということがなくなります。

それに、**上司とのコミュニケーションは、ミス・トラブルを防ぐのにも役に立ちます。**取引先のことを何も話さないでいると、上司は「問題はないんだな」と思うものです。問題が勃発した時に急に状況を伝えても、経緯をつかむのに時間がかかって、すぐに対応できないかもしれません。内容によっては、「どうしてもっと前に相談してくれなかったのか？」と思うこともあるでしょう。

いずれにしても、問題が起きてしまったら、上司に伝えても、解決のしようがないこともあります。ですが、早めに知っておいてもらうことで、問題が起こること自体を防げるかもしれないのです。

ホウレンソウというコミュニケーションを積み重ねていくと、信頼関係も生まれてきます。報告を受けることで、「きちんと仕事を進めている」とわかるからです。すると、少しずつ「あれはどうなっているの？」と聞かれなくなるでしょう。「安心して仕事を任せられる」と思ってもらえるようになるのです。

上司から声をかけてもらうのを待つのではなく、こちらから声をかけるのがポイント。

仕事がしやすい環境は、自分でつくっていきましょう。

Point

迷ったらこうしよう！

- 「気づいたことはすべて伝える」ことからはじめよう
- 上司には、自分から声をかけよう

CASE 3

仕事を教えてもらう時のコツは？

失敗談

入社した頃、わからないことは何でもすぐに上司に聞いていました。取引先への手みやげ、打ち合わせのあとのランチの場所も逐一聞いていたら「少しは自分でも調べてから聞いてね」と注意されました。（不動産、40代）

会社によりますが、新入社員には先輩が「指導社員」「メンター」としてつくことがあります。研修期間だけではなく、一年くらい時間をかけて、仕事を教えてもらうことになります。

多くの場合、一対一で仕事の進め方を教えてもらうことになるのですが、この期間先輩は自分の担当する仕事をしながら新入社員の面倒も見ることになります。ゼロから仕事を覚えるのも大変ですが、**実は教えるほうも、仕事量が増えてけっこう大変**なのです。

忙しい中、わざわざ時間をとって教えてくれているのですから、できるだけ早く仕事を覚えたいですね。

先輩や上司は、「わからないことは何でも聞くように」と言ってくれますが、失敗談のように、**いつまでもすべて聞いていると、聞かれたほうも困る**のではないでしょうか。「少しは自分でも調べてから聞いてね」と答えたくなる気持ちも、わかります。

たとえば、上司や先輩に連れられて行ったレストランがあれば、忘れないようにメモしておきましょう。手みやげにしても、買ってくるものの指示を受けたら、それもメモをしておきます。何ヶ月かすると、レストランや手みやげのマイリストができるはずです。そのリストの中から「ランチはこのレストランを予約しておいてよいですか？」「手みやげは○○にしようと思います」と言えたら、上司や先輩も助かります。

教えてもらったことはメモをしておく、自分で調べられることはまず調べて、その上でわからないことを聞く。早く一人前になるためにも、ぜひ心がけてみてください。

また、上司や先輩は、忙しい中で仕事を教えてくれるので、たまに説明や指示が、いい加減になってしまうこともあるかもしれません。自分でやる暇がないので「代わりにやっておいて」と、無茶振りのように頼まれることもあるでしょう。

忙しそうな先輩や上司に、「わからないから教えてほしい」と質問するのをためらってしまう気持ちはわかります。けれども、**わからないままやってしま**

うのは時間のムダです。結局間違えて、迷惑をかけることになってしまうからです。頼まれた仕事、教えてもらったことがよくわからなかった時は、できるだけ早く不明点を明確にしておきましょう。

聞きすぎるのも、わからないことをそのままにしておくのも、どちらもダメなのです。

最初は何もわからないのが、当然のこと。試行錯誤していくうちに、「これはここまで自分で調べよう」とか、「これは意味がわからないから確認しよう」と判断できるようになるはずです。**「わからないこと」が何かわかるようになることが、成長の第一歩なのです。**

Point

迷ったらこうしよう！

- **教えてもらったことは必ずメモする**
- **自分で調べることは大事だが、わからないことは遠慮せずに聞く**

CASE 4

上司がなかなか仕事を任せてくれない時、どうしたらいい？

失敗談

営業職入社１年目はアシスタント業務をしていました。早く独り立ちしたかったので、「○○さん（上司）が一緒だと仕事がやりにくい。自分ひとりで仕事がしたい」と伝えたら「１年目のくせに生意気だ」と怒られました。（PR、30 代）

入社してすぐの頃は、何もわからない状態。すぐに仕事ができるわけではありません。

会社によっては、最低限のことを身につけたら実際の仕事をしながら一人前になってもらおうとする職場もあるでしょうが、最初は上司や先輩のアシスタントとして仕事をしていくことが多いでしょう。

私がいた広告会社もまさにそうです。まずは、アシスタントから仕事をはじめました。同期の男性はクライアントを担当しているのに、私はまだアシスタントのまま……という状況が長く続いたので、「早く仕事を任されたい」という気持ち、よくわかります。

上司のアシスタントをしながら学ぶことは多かったのですが、「いつか自分で企画を提案したり交渉をして取引先を任されたいな」と思っていました。

そんな上司にも言えない悩みを、年齢の近い男性の先輩に相談したところ、こんなアドバイスをもらいました。

「**取引先に認められればいいんだよ**」

彼は1年目のアシスタント時代、上司の海外出張中にいままでアシスタントとして通っていた取引先にひとりで行き、担当者とたくさん話をしたそうです。担当者から依頼されたことはすぐに対応し、案件を相談されたら以前から考えていたことを提案してみたりというのを続けたところ、上司が出張から戻るまでにすっかり仲良くなり、信頼してもらえるようになったそうです。そして、取引先の担当者から、「もう担当は、○○さん（先輩）でいいよね」と言われたのだそうです。

上司のピンチヒッターという役割を、**「どうせこの期間だけだから」といい加減に考えず、「これはチャンスだ」と努力したことが報われた**のです。

先輩の話を聞いてから、私も「まずは取引先に認めてもらおう」と気持ちを切り替え、自分にできることをやってみました。もちろん、すぐにとはいきませんでしたが、そのうちに、いつもは上司宛にかかってきていた電話が、私にかかってくるようになったのです。そして徐々に大事な案件も相談されるようになりました。

そんな様子を見てのことでしょう。上司も私に仕事を任せてくれるようになりました。

時間はかかりましたが、「仕事を任されるのはムリだ」「どうせ私はアシスタントだ」とあきらめずに、できることを続けてよかったなと思います。

職種によって違いはあるとは思いますが、**悔やんだり文句を言ったりする前に、まずは周りに認めてもらえることが大事。**

そのヒントは、**身近な先輩が教えてくれるはず**です。先輩は、同じ経験を積み重ねてきたはずですから、まずは気軽に相談してみましょう。

そして、自分で限界を決めずに、できることをやってみてください。自分を信じてがんばれば道は開けますよ。

Point

迷ったらこうしよう！

- 周りに認められるのが任せてもらう第一歩
- 年の近い先輩に相談してみよう

CASE 5

トラブルが起きたけど、上司がいない。どう対処したらいい？

失敗談

トラブルが起きた時、上司に知られずに自分で何とかしようと隠してしまいました。ですが上司が出てこないとどうにもならなくなってしまい、取引先にも上司にも迷惑をかけてしまいました。

（メーカー、管理職 40 代）

仕事をしていると、どんなに気をつけていてもトラブルは起こります。聞き間違いや勘違い、納期に間に合わないなど、本当にさまざまなことがあります。トラブルは予期せぬ時に起こるものです。

トラブルは起きないようにすることも大事ですが、なかなか防ぎきれないのが現実。一方で、起きてしまった時に「どう対応するか」で、結果は大きく変わります。

「すぐに上司に報告する」のが正しい対処法ですが、中には、「トラブルがバレると怒られるから、上司にバレないように何とか自分で画策してみる」という方もいるかもしれません。そうしたくなる気持ちはわかりますが、自分で責任をとれないうちはまずは上司に報告することが大事。

とは言え、上司は忙しいので、いつも座席にいるとは限りません。そういう時は、どうしたらいいでしょうか。

先に結論を言うと、何とかして報告するようにします。

もしかしたら、取引先の方からすぐに上司に連絡がいく可能性もあります。そうした時に、トラブルの内容が上司に伝わっていないと、「どうして知らないのか」と取引先をさらに怒らせてしまうかもしれません。

たとえ会議中であってもメモを渡す、外出中であれば携帯電話に連絡する、留守番電話になってしまったら概要を知らせて折り返しの連絡を依頼するなど、考えられるすべての方法を使って、上司に伝えるようにします。

もちろん、周りの先輩や同僚にも伝えて、協力してもらいましょう。

一番よくないのは、悩んだまま放置してしまうこと。それでは解決できるものも、できなくなってしまいます。**トラブル対応は、時間との勝負**だと覚えておきましょう。

そして、これは上司に報告をし相談したうえでのことですが、**できればすぐに取引先に出向く**ことをおすすめします。

こういう時、中途半端な状況で取引先に出向くのは怖いので、「上司の都合を確認したうえで後日一緒に行く」「問題の解決策を持って行く」という判断をしがちです。でも、現実には「上司が出張で時間が合わない」「解決するのに時間がかかる」などの理由で時間だけがどんどん経過してしまうことも。そうすると、謝罪やトラブルの挽回のチャンスを逃して関係が壊れてしまい、取引自体がなくなってしまうこともあるのです。

　相手が怒っているのならなおさら、**まずは経過説明をしてお詫びをするのが先決**です。たとえ解決に時間がかかる場合でも、謝罪の気持ちを伝えることならばできるはずです。本当に大事なのはあなたの熱意や誠意。それがなければ解決しません。

「怒られるのは嫌だ、怖い」と逃げ出したくなる気持ちはわかりますが、ひるまずに向き合っていくことが大事。トラブルを乗り越えると、取引先との関係が深まります。そして、そんなあなたの仕事ぶりを見て、上司からの信頼も高まるのです。

Point

迷ったらこうしよう！

- **トラブルが起きたらすぐに上司に報告**
- **トラブル対応は時間との戦い**

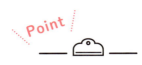

CASE 6

上司に同行してもらうアポイントをとる時、何に気をつければいい？

失敗談

新人の頃、こちらがアポイントを入れた先へ先輩社員に同行してもらうことが多かったのですが、移動時間きっちりでスケジュールを入れたら、「どこで昼食を食べるのか」と怒られました。（出版社、30 代）

特に新入社員の間は、上司と一緒に取引先や得意先に出かけたりすることが多いでしょう。

そこで注意したいのは、**アポイントのとり方**です。当然ながら取引先と上司、両方の都合を確認したうえで、スケジュールを決めることになります。

上司の都合を確認してアポイントを決めるというのは、いざ仕事をはじめると、思った以上に苦労することが多いかもしれません。というのも、上司は忙しいからです。

基本的には、社内のグループウェアなどのスケジュール管理機能を使って、上司の予定を確認するようになるでしょう。上司が自分のスケジュールを誰でも見られるようにして、部下が自由に予定を入れられるようにすることが多いです。

しかし、スケジュールを入れる時には、配慮が必要です。

まず、スケジュールを登録しただけで、詳細を知らせないのはNG。部下をもつ知人に話を聞くと、**「大切な案件、会議、遠方の予定などは、断ってから入れてほしい」**と感じている人も多いようです。

みんなが予定を入れすぎてしまうと、上司が本来やるべき仕事をする時間がなくなってしまうためです。

特に忘年会が続く時期などは、自分が担当している取引先との忘年会の予定を先に勝手に入れてしまうと、上司が行くべき重要な取引先との会が後回しになってしまう、ということも起こります。

「ここの食事会を入れていいですか？」「予定がかなり詰まってきていますがまだ入れてもよいですか？」などと、ひと言断ってからスケジュールを決めるのがマナーです。

また、上司と一緒に取引先に出向く時は、取引先の場所を考慮して効率のいいスケジュール、段取りを考えたいところです。

ただし、「挨拶が30分、移動が20分」などと**余裕のないスケジュールを立てるのは避けましょう。**失敗談のように、ランチもとれなくなってしまったり、アポイントに間に合わなくなってしまうといったことのないように注意します。

営業職の場合、「年始の挨拶」のタイミングは、直属の上司だけでなくその上の上司にも一緒に、取引先に行ってもらうことがあるかもしれません。

誰に同行してもらえばいいかも、自分ひとりで勝手に決めないで、まずは直属の上司に確認をしたうえでスケジュールを立てていきましょう。

グループウェアを使えば、スケジュール管理なんて簡単だと思うかもしれませんが、なかなかそうもいかないのが現実です。

少し面倒かもしれませんが、**直接コミュニケーションをとることはとても大事**なのです。

Point

迷ったらこうしよう！

- **上司の予定に配慮してアポイントをとろう**

CASE 7

上司と一緒に取引先に行く時、何に気をつければいい？

失敗談

自分が獲得した新規の取引先に上司と一緒に行った時、先方の担当者と内輪話で盛り上がってしまい上司が置いてけぼりに……それ以来上司はその取引先との仕事に手を貸してくれなくなりました。（広告代理店、40代）

新しく取引をはじめた取引先などへ、上司と一緒に挨拶に行くことはよくあるでしょう。

その時、上司をうまく巻き込めると、その後の仕事がやりやすくなります。

まず大切なのは、**事前に上司に情報を伝えておく**こと。**取引の経緯や、現在の取引内容、担当者の名前など**を、事前に伝えておきます。挨拶に行ったのはいいけれど、上司が肝心の情報を知らなかったということがないようにしましょう。

また、面談の時、**上司が会話に入りやすいように誘導するのも大事な役目**です。自分は何度も行っていたとしても、上司がその会社に行くのははじめて。だから、「一緒に行くだけで、あとは上司にお任せ」というわけにはいかないのです。ましてや失敗談のように、上司の知らない話で盛り上がってしまっては、一緒に行く意味がありません。

新しい取引先は、あなたのことを見込んで仕事を決めてくれたのだとは思いますが、**「あなたの会社」と取引している**のです。

上司といい関係かどうかも担当者に見られているということを忘れないでくださいね。

上司を交えて、接待や食事会を行う場合も同じです。

上司に取引先の情報を説明し、みんなで盛り上がるように会話を誘導するのはあなたの役割です。

また、取引先の人に気遣いができても、上司のことは気にしない人が多いので、忘れずに気にかけたいところ。たとえば、食事中、担当者のグラスが空いているのは気づいても、上司のグラスが空いているのは気づかない、ということはよくあります。

こうした時、すかさず気づいて、さりげなくオーダーできるようになるとよいですね。上司も気持ち良くその場に溶け込めたら、全体の会話も盛り上がり、仕事の成果にもつながるでしょう。

こういう立ち居振る舞いが自然にできるようになると、上司もあなたのことを認めてくれるでしょう。自分に気を遣ってくれるから、ということではなく、**あらゆる場面で気遣いができる人だとわかってもらえる**からです。

上司に、「安心して連れて行ける」「安心して任せられる」と思ってもらえれば、上司が知人を紹介してくれたり、誰かと食事をする時に声をかけてくれたりする可能性もあります。そこで**仕事の幅が広がっていく**かもしれません。

取引先に上司を連れて行くことは、上司に自分をアピールするチャンスでもあるということを、忘れずにいたいですね。

Point

迷ったらこうしよう！

- **取引先に上司を連れて行く時は、自分をアピールするチャンス**
- **取引先と上司、両方に気遣いをしよう**

PART 4

周りと差がつくちょっとした気くばり

CASE 1

やることがなくて暇な時、どうすればいい？

失敗談

入社してしばらくは暇な時間が多く、周りは忙しそうで声をかけるのもためらう感じだったのでネットニュースを見たりしていたら、先輩から「仕事中は見ないでね」と注意されてしまいました。（食品メーカー、40代）

「仕事は忙しいもの」と思っている方がほとんどでしょう。確かに「忙しい」という話はよく聞きますが、「暇で困る」という話はあまり聞きません。

けれども、実は暇な時間もあるのです。

入社後の研修が終わりそれぞれの部署に配属されると、上司や先輩のもとで働くことになります。そうするとすぐに仕事を任されるわけではなく、上司や先輩のお手伝いから仕事をはじめる場合が多いでしょう。部署のメンバーから教えてもらいながら、仕事を覚えていくという期間です。

そういう時に、**ぽっかりと時間が空いてしまい暇になることがある**のです。

上司や先輩は、新入社員に手取り足取り仕事を教えながら、同時に暇にしないようにとやることを指示しなければいけないので、けっこう大変なのです。忙しいと説明する暇もないかもしれませんし、手伝ってほしいなと思っていても、入って間もないうちは難しい仕事は頼めないので、お願いできる仕事も限られてしまいます。

暇になると、自分だけが取り残されたような気持ちがしてしまい、どうしたらよいかわからないかもしれませんが、**上司や先輩にも、いろいろと事情があ**

るのだということを理解しておきましょう。

とは言え、**ただボーッと座っているだけ、というのは避けたい**ですね。

暇な時は、正直に**「いま、手があいているので、何かお手伝いすることはありますか？」**と周りに声をかけましょう。

ただ、どうしてもお手伝いできることがなかったり、「何かお手伝いすることはありますか？」と何度も聞くのも迷惑になってしまうこともあります。

そういう時は、**自習時間**にあてましょう。

たとえば教えてもらった仕事の内容をまとめるのもいいでしょうし、パソコンスキルの向上などにあててもいいでしょう。社内には必ずパソコンのエキスパートがいるものです。そういう人に教わるのもよいですね（もちろんそういう場合は、上司にひと言断ってからにします）。

実は、私も新入社員の頃、突然暇になって困ったことがありました。営業だったので、そういう日は上司に許可をとったうえで「新規取引先」にコンタクトするようにしました。はじめての電話でのアプローチはとても緊張するものでしたが、「暇よりはマシ」と思って積極的に取り組みました。この経験のおかげで、電話をかける時のノウハウが身についた気がします。

「暇な時間」にめげることなく、**仕事を見つけて積極的に動けば必ず得るものがある**でしょう。

Point

迷ったらこうしよう！

- 自分の仕事は自分で見つけよう
- 何もない時は「自習時間」にするのも◎

CASE

2

誰もやっていない仕事を見つけたらどうする？

失敗談

1年目は先輩や上司に雑用ばかり頼まれるので嫌になり、思わず「もう雑用はしたくありません」と上司に言ったら「雑用がきちんとできるようになってから言いなさい」と注意されました。（建設会社、40代）

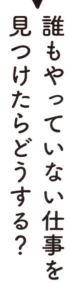

会社には、たくさんの雑用があります。プリンターの電源を入れる、給湯室の片づけ、シュレッダーのゴミ袋の交換、コピー用紙の補充、植物の水やり、ゴミ出し、来客の応対、ファックスの回収、郵便物の受け取り……数え上げたら、きりがありません。

雑用は、誰の担当か明確にはなっていないけれど、誰かがやらなくてはいけない仕事です。目立たない仕事かもしれませんが、これをやらなければ会社が回っていきません。

入社して少し経つと、こうした「誰の担当かは明確になっていないけれど、誰かがやらなくてはいけない仕事」「あまり目立たないけれど、大事な仕事」を見かける機会が出てくるでしょう。

たとえば、「コピーをとる」「シュレッダーにかける」という仕事を頼まれることは多いでしょうが、コピー用紙を補充したり、シュレッダーのゴミ袋を交換したりという仕事までは指示されることはないでしょう。

ですが、ここで少し工夫してみてはいかがでしょうか？

コピー機を使った時に、用紙がほとんどないことに気づいたら補充する。シュレッダーを使った後、ゴミ袋がいっぱいになっていたら交換しておくのです。

ほかにも、受付の場所がわからずに不安そうなお客さまに声をかける、出社したらプリンターの電源を入れるなど、**誰もやっていない仕事を見つけたら、積極的に取り組んでみる**のです。

もしかしたら、プリンターの電源はいつも入っていて当たり前、来客は誰かが応対してくれるもの、と思い込んでいるかもしれません。

でもその誰かとは一体誰なのでしょうか。みんな都合よく「自分以外の人」と考えてしまうのではないでしょうか。

新入社員のうちは、こうした「気づいた仕事」を、積極的にやってみてください。もしかしたら、誰も気づいてくれないかもしれません。「同期の友人は全然やっていないのに自分だけがどうして?」と思うかもしれません。けれども**それも決して無駄ではない**のです。

配属が決まって、担当する仕事が決まると気づくでしょう。**「仕事」は、雑**

用の積み重ねなのです。一人前になったら立派な仕事をするイメージがあるかもしれないですが、それは全体の中のほんの少し。ほとんどが雑用の延長なのです。

早いうちから雑用をこなせていると、どんな仕事にも柔軟に対応して、工夫できるようになるはずです。

つまり、**雑用がきちんとこなせる人は、「仕事ができる人」**なのです。「雑用をする」ことは、仕事ができるようになる近道。ぜひ進んで、「誰もやっていない仕事」を探して、取り組んでみてください。

Point

迷ったらこうしよう！

- 仕事は雑用にはじまり、雑用に終わる
- 雑用で力を伸ばそう

CASE 3

電話とメール、どうやって使い分ければいい？

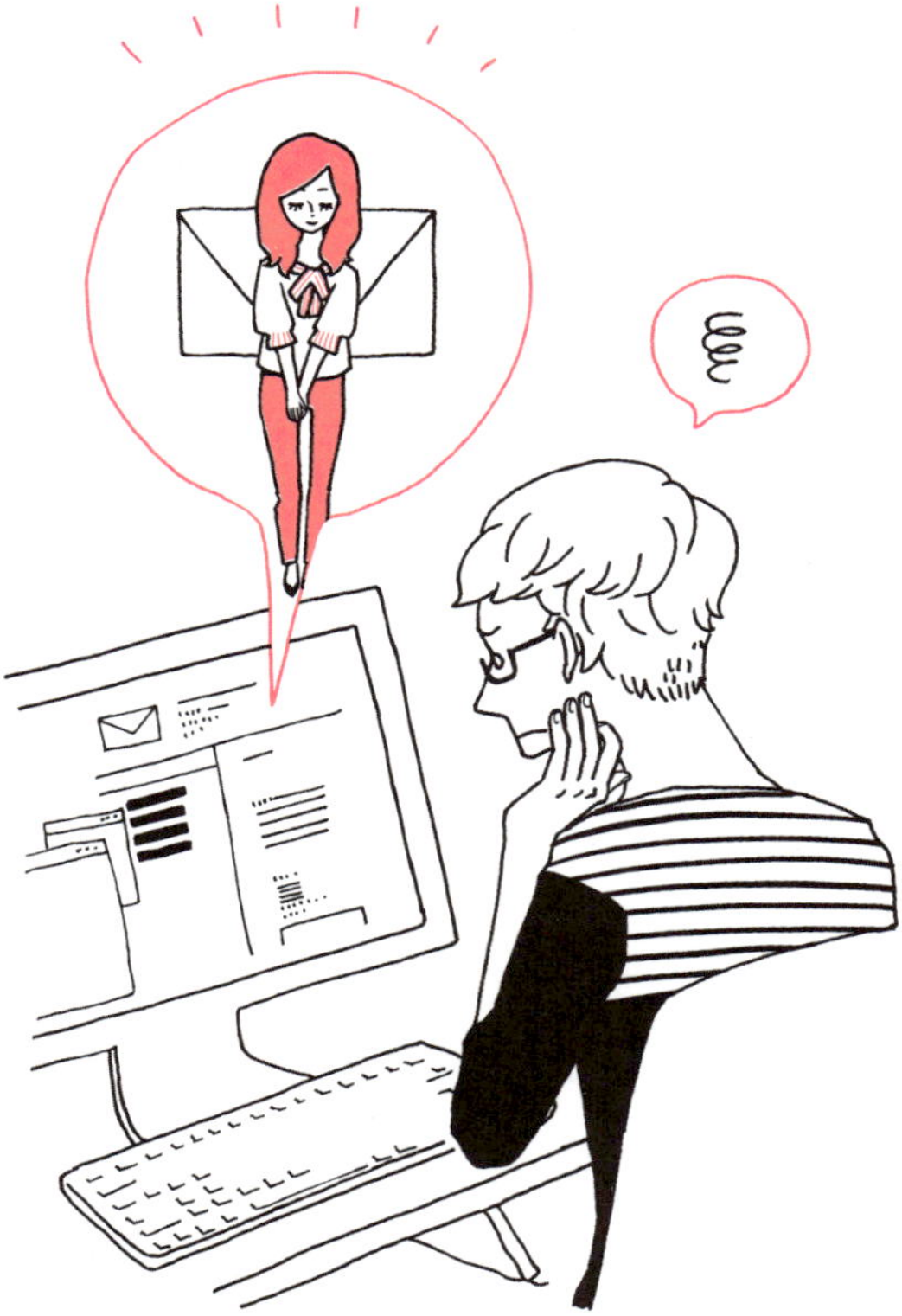

失敗談

商談の時に取引先から受けた問い合わせを、会社に帰って確認したら難しいと言われてしまったので、その旨をメールで送りました。上司にもccで送ったら「こういうことは電話するように」と注意されました。（出版社、40代）

電話で話すのは得意ですか？

おそらく「苦手だ」と感じている人が多いのではないかと思います。

固定電話を使うことも少なくなり、携帯電話で事足りてしまう時代。自宅で、家族に電話を取り次ぐことも少なくなりました。そもそも、ふだんのやり取りはほとんどメールなので、**電話自体に抵抗感がある**かもしれません。

けれども、**会社では電話で話すことがまだまだ多い**もの。もちろんメールを使うこともありますが、**うまく使い分けられると、仕事が進めやすくなる**でしょう。

特に注意したいのは、失敗談のような伝えにくい用件。

たとえ電話に慣れていたとしても、言いづらいことは電話ではなくメールで伝えたくなるものです。「電話で伝えたら直接怒られるかもしれない。それは嫌だからメールにしよう」と考えるのでしょう。

でも**本当は嫌なことだからこそ、直接話すことが大事**なのです。

文字だけのメールは、ニュアンスが伝わらないことが多いので、どうしても冷たく感じさせてしまいます。「できません」とメールで伝えるのと、「何とか意向に添いたいけれど、どうしても無理だ」と心をこめて直接伝えるのとでは、相手の感じ方が変わってくるのです。

さらに、場合によっては電話ではなくて、直接会って話をすることが大切になることもあるでしょう。メールや電話だけでは相手に気持ちが伝えきれません。特にトラブルがあった時などは、メールでもなく、電話でもなく、すぐに出向いて直接話すことが効果的なのです。

なお、これは、社外の人だけでなく、社内の上司や他部署の人に対しても同じこと。

「相手が忙しいかもしれないからメールにする」という人もいますが、**急いでいる場合、まずは電話**で話します。さらに**複雑なことや、言いにくいことは、直接席に行って話す**ことをおすすめします。

こうしたことをふだんから心がけていると、社内の人とも社外の人ともコミュニケーションがとりやすくなります。相手に誤解されて伝わってしまう、ということもなくなるでしょう。

口ベタな方ほど、電話や対面でのコミュニケーションを積極的に使ってみることをおすすめします。言葉にしづらいニュアンスも、きっと伝わりやすくなるでしょう。

Point

迷ったらこうしよう！

- 言いづらいことほど電話で伝える
- 社外でも、社内でも、メールに頼り過ぎない

CASE 4

はじめての出張。どんなことに注意すればいい？

失敗談

上司と新幹線での出張が決まったのが直前で指定席がとれず、自由席になりました。当日時間ギリギリに駅に行くと自由席はすでに満席で立っている人も。少しは先に来て２席確保するものだと怒られました。（PR マネージャー、40 代）

仕事に慣れたら、出張に行く機会もあるでしょう。

はじめのうちは、上司に同行する場合も多いと思います。上司と一緒に行く出張では、どういうことに気をつければよいのでしょうか。

たとえば、新幹線で行く場合、チケットの手配を頼まれることがあります。**事前に決まっていれば、早めに指定席をとっておけばよい**のですが、直前に決まって指定席がとれなかった場合は、発車時間のかなり前に行って並ぶしか方法はありませんよね。その時は、上司より先に行って並ぶのが気くばりある対応でしょう。

指定席をとる場合は「隣の席か、前後に離れてとるのがよいのか」を上司に確認します。打ち合わせが必要な時は隣の席にしますが、早朝の場合など睡眠時間にあてたい時は席を離すなど、その時々で違うからです。

指定席がとれているからと安心してギリギリに車内に乗り込む方がいますが、上司と一緒の場合は早めに行って、先に乗るようにしましょう。「大丈夫かな、間に合うのかな」と上司に余計な心配をさせないようにします。

また、「新幹線に乗り込んだらすぐに部下が眠ってしまって、車内で打ち合わせをしたかったのに、できなかった」という話を聞いたこともあります。いつも打ち合わせが必要なわけではないでしょうが、自分が先に寝てしまうのは、避けたほうがよいでしょう。**「移動時間は打ち合わせや準備の時間」**と考えていたほうがよいのです。目的地に着いてすぐ行動する場合もあるので、資料に目を通したり、着いてからの段取りを確認しておけるといいでしょう。

なお、出張で行く場所に知り合いがいたとしても、業務時間外だからと勝手に遊びの予定を入れないようにしましょう。夜は取引先との食事になるかもしれませんし、上司がどこかへ一緒に行く予定を立てているかもしれません。

少し疲れるかもしれませんが、移動も食事も宿泊先でも、気を抜かずに行動できると、大きな失敗は防げるでしょう。

Point

迷ったらこうしよう！

- チケット・座席の手配は要注意
- 旅行気分で気を抜かないようにしよう

CASE 5

会社の歓迎会では、どうやって振る舞えばいい？

失敗談

新入社員歓迎会で、上司から「今日は歓迎会だから」と言ってもらったので、上司に当たり前のようにビールをついでもらったら、先輩から「お前が先につぐものだ」と怒られました。（外資系不動産会社、40代）

入社したら早速、「新入社員歓迎会」が開かれると思います。部署ごとの小さな会や会社全体の大きな会まで、規模はさまざまですし、着席だったり立食だったりと、形式もさまざま。

慣れない場面で緊張するかもしれません。そのような会で、新入社員はどのように振る舞えばいいかは気になるところです。

まず、座席です。着席の場合は席が決まっていることが多いので、幹事の指示に従います。一方、立食の場合は決まっていないため、つい親しい同僚だけで固まりがちですが、それは避けましょう。

歓迎会は、文字どおり、新入社員のみなさんを歓迎する場。感謝の気持ちを込めて、**同じ部署の先輩や上司などと、積極的にコミュニケーションをとるように**しましょう。

上司から挨拶があり、乾杯をするというのが一般的な会の流れ。乾杯の時は、アルコールが飲めない人も一応ビールかワインをついでもらいます。かたちだけでよいので口だけはつけましょう。その後、ソフトドリンクに変えるのがスマートです。

そして、**乾杯が終わったら、席を立ってお酒をついで回るのが理想的。**「お酒をついで回るなんてうんざり」と思うかもしれませんが、これは最初の儀式のようなもの。はじめてご挨拶する方には、**自分のフルネーム、配属先を伝えてから、お酒をつぐ**のがよいでしょう。

「お酒をつぐタイミングがわからない」「何をつげばよいのかわからない」とよく聞きますが、**とりあえずビール瓶を持って、「ビールでよいですか？」と確認してから、つぎます。**新入社員が次々と回ることになるので、話し込む必要はありません。早く切り上げるのがマナーです。

お酒をついで回る時は、偉い人だけでその周りの人は無視、ということのないように、両隣の方にも気を配れるとよいでしょう。

また、一次会が終わると「二次会に行きましょう」と誘われるかもしれません。「もう帰りたいな」と思う気持ちもわかりますが、**新入社員歓迎会の後の二次会はできれば参加しましょう。**新入社員のために、わざわざ企画してくれているのです。それなのに主役がさっさと帰ってしまったらがっかりさせてしまいます。ですが、三次会まで無理に出る必要はありません。電車のあるうちに帰りましょう。

歓迎会以降も社内の食事会はあると思いますが、適度に顔を出し、二次会も出たければ出る、というスタンスで大丈夫です。

社内の食事会は面倒だなと思うかもしれません。昔に比べたら、「飲みにケーション」と称する、仕事終わりに会社の人と飲みに行くようなことも少なくなりました。

だからこそ、たまにある会社の食事会はお互いにコミュニケーションがとれる大事な場面です。嫌がらずに楽しんで参加するといいと思いますよ。

Point

迷ったらこうしよう！

- 全員にお酒をついで挨拶するのがマナー
- 歓迎会以降も、会社の飲み会をうまく使おう

CASE 6

職場の飲み会の幹事、何をすればいい？

失敗談

1年目に忘年会の幹事を任されました。幹事と言われても何をやるのか全くわからず、先輩に任せきりに。ほとんど先輩にやってもらったので、後になり少しは自分も役割を把握しておけばよかったと思いました。（商社、40代）

入社1年目に、社内の食事会の幹事を任されることはよくあります。

でも、突然先輩から「今度の忘年会で幹事をやってね」と言われても、どうしたらよいかわからないですよね。もちろん何から何までひとりでやるようなことはないと思いますが、せっかくの機会。抜かりなくやりたいものです。

幹事の主な仕事は、次のようなものです。
（1）予算を決める、（2）お店を選ぶ、（3）お店の予約、（4）会の進行を考える、（5）参加者への連絡、（6）ギフトの準備、（7）会費を集める、（8）お店に早めに行き、お店の人と打ち合わせをする、（9）タイムスケジュールの管理、（10）お店の人への連絡（お酒、食事）、（11）二次会の準備。

まずは、今までのだいたいの予算を先輩に確認しましょう。参加者全員が同じ金額なのか、役職によって傾斜をつけるのかも会社によって違います。

お店は、会社に近い場所を選ぶことが多いので、いままでどういうところでやっていたのか確認するとよいですね。人数が多い場合は、食事や飲み物の金額があらかじめ決まっているお店が便利です。

お店を予約する際は、人数と金額を伝えるだけではなく、詳細を詰めなくてはいけません。マイクの用意、飲み物、食べ物の出し方などの段取りやスケジュールを、事前にお店に行って打ち合わせをします。また、会がはじまってから終了までの、乾杯の挨拶、上司の挨拶、歓談、締めの挨拶などのスケジュールを考えます。

会の2週間前を目処に、参加する人たちに場所と金額を伝えます。そして、前日にリマインドのために、再度メールを送ります。毎日たくさんのメールが送られてくるので、埋もれてしまうかもしれません。メールを探す手間を省くためにも、配慮したいですね。

なお、送別会などの場合はギフトを用意します。金額、何がよいかなど、先輩や上司に相談して決めましょう。もちろん当日までにギフトの用意もします。

会費は、お店で集めるのではなく、事前に会社で集金をしておくとスムーズです。そして、当日はお店に早めに行って、会の段取りを確認しておきます。テーブルセッティングなどもチェックします。はじまってからは、タイムスケジュールを管理し、進行役や挨拶する人に時間を伝えます。それと同時に、飲み物、食べ物が行き渡っているかチェックをして、足りない場合は速やかにお店の人に連絡をします。

また、「二次会の場所を押さえてほしい」と言われた時に困らないように、何軒かお店のリストアップをしておくといいでしょう。

これらを押さえておけば、きっと会はうまくいくでしょう。

「いきなりこんなにたくさんのことは無理」と思うかもしれませんが、頭に入れておくと気が楽ですし、何人かで担当する場合も役割分担ができます。何度か回を重ねていくうちに慣れていくものです。ひとりで抱えず、聞けるところは先輩や上司に聞いて進めましょう。ここは新入社員として腕の見せ所です。

Point

迷ったらこうしよう!

● まずは全体像をつかむことからはじめよう

CASE

7

飲み会の話題がつまらない……どうしたらいい？

失敗談

上司に連れられて取引先との食事会に行きましたが、話に入っていけず、途中で寝そうになってしまいました。会が終わった後、上司から「接待中に寝るなんてとんでもない」と注意されました。（PR マネジャー、40 代）

はじめての取引先との会食は、どうしたらよいのかわからず緊張しますよね。仕事の話が延々と続くと難しくて会話に入っていけず、つい眠くなってしまう——そうなってしまう気持ちはわかります。

でも、失敗談のように居眠りしてしまったら、とても失礼です。取引先や上司は見ていないふりをしていても案外見ているものなので気をつけましょう。印象が悪くなってしまいます。

間違っても、「自分は上司に連れられてきただけだから関係ない」とは思わないようにしましょう。

取引先の方とじっくりと話ができるチャンスはあまりないので、これはよい機会なのです。いつもはわからない本音が聞けるかもしれません。**「つまらないな」と思わずに「自分もこの場に来られて嬉しい」という気持ちで出席すると、楽しく参加できる**でしょう。

たとえ直接会話に入ることができなくても、次の3つの原則を忘れないでいれば、まず大丈夫です。

- 「笑顔」
- 「目を見る」
- 「褒める」

明らかにつまらなそうにしていたら、相手も話題を振ってくれませんし、話をする気もなくなります。**笑顔はそれだけで、相手に好印象を与えます。**

そして**「目を見る」ことも忘れずに。**相手が話している間、下を向いていたら、「興味がないのかな」と思われてしまいます。けれども目を見てキラキラさせていると、相手も話しがいがわいてきます。

「褒める」のは少し難しいですが、相づちを打つ時に、**「ありがとうございます。勉強になります」**などと自然に言えると、相手も気持ちがよくなります。もしくはお会いした時に「素敵なネクタイですね」と言うだけでも違います。女性ならではの嬉しいひと言です（もちろん、思っていないことを取ってつけたように言う必要はありません）。

日本人は思っていても口に出すのが苦手ですよね。その点、外国人は何かさりげなく褒めてくれて、こちらの気持ちを良くしてくれるものです。そういった気くばりを見習いたいですね。

食事会での会話がきっかけで取引先といい関係になり、可愛がってもらえることになるかもしれません。**いまは直接仕事をしていなくても今後どんな縁があるかわからない**のです。

せっかくの機会なので、「つまらないな」と感じても、積極的に会話に参加する努力をしてみましょう。

Point

迷ったらこうしよう！

- 取引先とじっくり話せる、貴重な機会を楽しもう
- 困ったら「笑顔」「目を見る」「褒める」

CASE
8

得意先との会食、どんなことを話せば失敗しない？

失敗談

接待で「彼氏いるの？」と聞かれたので最近の恋愛話をしたら盛り上がりました。その後上司から「接待は仕事なのだから恋バナをペラペラ話すものではない。そのあと仕事の話をしようと思っていたのに」と怒られました。（出版社、40代）

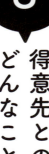

接待の席で、上司たちが話をしていて、なかなか話に入っていけない——これはよくあることです。

仕事の話が終わって、雑談の時間になると少しホッとしますね。

でも、失敗談にあるように、話を振ってもらっても、「恋バナ」をするのは避けましょう。**振られたら多少は話したとしても、すぐに終わらせるのが賢明でしょう。**

接待の場合は、取引のための親睦を深めるのが一番の目的ですから、やはり仕事の話で終わらせたいものです。**いまの関係をさらに強固にさせて、次の仕事につなげたい**という思いがあるのです。途中で雑談になるのはもちろんよいのですが、もし部下が自分の恋バナを語り出し、延々と話してしまったら、上司は仕事の話に戻せなくなってしまいます。

おもしろおかしく自分の「恋バナ」をすることで、その場は盛り上がり、お互いに親睦は深まるかもしれません。でもそれで自分が「得をする」ことはないのです。

他人の恋愛の話はおもしろいので盛り上がります。でもその話をしている人のことを「仕事ができる人」とは思わないでしょう。残念ながら「ただの若い女の子」という印象しか残らないですし、「彼氏のことで悩んでいた女の子」としか覚えられないのです。

上司に連れられて行った接待は、普段話せない人とも話ができる貴重な機会です。そういう時には「気の利く人」とか「仕事ができそう」と思われたほうがよいですよね。

食事会は仕事相手との関係を深められる大事な場面なので、普段見せられない自分をアピールすることができます。相手に自分のイメージがまだ伝わっていないうちに、いきなり「恋バナ」を話せば、「軽いイメージ」を与えてしまいます。接待でも和気あいあいとした会だとつい「何でもあり」と思ってしまいがちですが、こういう時の立ち居振る舞いには特に注意が必要です。

だからと言って、難しい話をしなければならない、ということではありません。**みんなが話しやすい「趣味」や「旅行」の話などをしてみましょう。**また、取引先の方の趣味がわかっていれば、その話がしやすいように誘導するのもよいですね。

もちろん、何年か経ってベテランの域になったら話は違います。

取引先とも人間関係が深くなっているでしょう。食事に行った時に、プライベートな話をすることで、さらにお互いの距離が縮まるかもしれません。

しかし、まだ「仕事人」として一人前でないうちは、話題には注意するのが無難でしょう。

Point

迷ったらこうしよう!

- たとえ振られても、恋愛の話は控え目に
- 困ったらみんなが話しやすい「趣味」や「旅行」を話題にしよう

CASE 9

取引先への手みやげは、何を用意すればいい？

失敗談

取引先への手みやげを選ぶ際、自分が好きなものを選んでいたら「渡す相手の年齢、お子さまの有無などを考えて選ぶように」と、上司に指導されました。（広告代理店、40代）

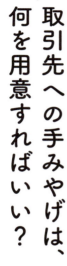

取引先との食事会の際など、上司から「手みやげを用意しておいて」と言われることもあるでしょう。

ですが手みやげといっても種類はさまざま。何を選べばいいでしょうか。まず、会が始まる前に近所で適当に選ぶのだけは、やめたほうがよいですね。手みやげの中身は何でもいい、というわけではないのです。

かといって、自分が好きなものにするというのも考えもの。いつも同じお店の同じお菓子と決めていたり、自分の会社の社長がお気に入りだからという理由で、毎回同じお菓子を持参したりすることもあるようですが、**手みやげは相手ありきのもの**です。

特に食事会での手みやげを選ぶ際は、次の3つを考えてみてはいかがでしょうか。

- **コンパクトでセンスがよいもの**
- **相手の性別、年齢、家族構成を考えたもの**
- **自分で買うには少し贅沢なもの**

かつては量があり大きなものがよい、と思われていました。確かに会社などに持参する場合はよいのですが、会食の場で手渡しする時は、荷物になり迷惑になる場合があります。大きな箱にたくさん入っているものより、**小さいけれど中身の質の良いもの**のほうが喜ばれるのです。

さらには、性別はもちろん、一人暮らしなのか、家族と暮らしているのか、また家族は何人なのかを考慮しなくてはいけません。スイーツ好きな女性だとしても一人暮らしの方に賞味期限の短い生菓子の詰め合わせを差し上げても困るだけです。逆に子どもがいるのに数が少なすぎるのも配慮がないと思われます。

そして、**自分で買うにはもったいないけれど、人からいただいたら「嬉しい！」というものを贈る**のが大事です。

相手が何人もいる場合、人によって物を変えるわけにはいかないものですが、メンバーのことをできるだけ考えて選びましょう。ある程度年齢を重ねた方たちへお渡しする場合は、流行りのものよりも名の知れた老舗のお菓子が喜ばれることが多い、というのも覚えておきたいポイントです。

最初はわからないから上司に聞いて選ぶことも多いかもしれませんが、選んだものをメモしておいて自分のリストをつくっておくと便利です。

できれば自分でも買ってみましょう。何がよいのか自分で判断できるようになります。

なお、**食事会の手みやげは、帰り際に上司からお礼の言葉とともに、そっと手渡すのがスマート**です。

手みやげを用意する時は、自分本位にならず、相手のことを考えたうえで選ぶことが大事。「たかが手みやげ、されど手みやげ」なのです。細かい配慮が相手の満足度を高めるでしょう。

Point

迷ったらこうしよう！

- **手みやげの3つのポイントを忘れずに**
- **自分の手みやげリストをつくろう**

CASE 10

ご馳走になった時は、どうやってお礼をすればいい？

失敗談

歓迎会の翌日、出社して仕事をしていたら、別の部署の同期が来て部長から課長、係長まで「昨日はありがとうございました」とお礼を言っていました。いまさらバツが悪くて言えませんでしたが、大変反省しました。（メーカー、40代）

ご馳走になった後は、3回お礼を伝える——これは私もふだんから実践していることです。

「3回も言わなければいけないの?」と思うかもしれませんが、私の周りの方々もみなさんそうしているので、目安にしてみてはいかがでしょうか。

一回目のお礼は、ご馳走になった直後に、二回目は翌朝メールで、三回目は次に会った時にというわけです。

社内の人であれば、ご馳走になった翌日にも直接言えばそれで充分です。その方が出張に行かれていたりしてすぐに会えない場合は、まずメールでお礼を伝えておくのがよいでしょう。

新入社員のうちは、ご馳走になった直後の一回のお礼で済ませてしまいがちなので、覚えておくとよいですね。

特に、取引先にご馳走になったのに翌朝何のお礼もなかったら、「失礼な人」と思われてしまうかもしれません。せっかく食事をしていい関係になっても、これだけで印象が悪くなってしまうのは残念です。

なお、お礼の仕方にもちょっとした配慮が必要です。

たとえば、チームメンバー全員がご馳走になった場合はよいのですが、一人だけ誘われた場合は注意が必要です。

上司はこっそりほかの人にわからないように誘ったのかもしれません。「最近元気がないけど大丈夫かな」という気遣いから誘ったり、たまたま退社時に会ったので声をかけた、という場合もあるでしょう。それなのに堂々と大きな声でお礼を言われたら、ご馳走したほうは焦ります。

というのも、周りはけっこう聞いているからです。

同じ年代の人は「あれ、〇〇さんは誘われてご馳走されたんだ、私はまだ誘われたことがない」と思うかもしれません。積極的に誘われたいとは思わなくても、「自分は誘われなかった」ことに、反応してしまう方もいるのです。

ご馳走されるほうにも、気遣いが必要です。

些細なことと思うかもしれませんが、きちんと伝えることによって「また誘ってみよう」と相手に思ってもらえるものです。

これは会社に限らず、親しい人たちにも心がけるとよいでしょう。人間関係が円滑になる秘訣ですよ。

Point

迷ったらこうしよう！

- お礼は3回伝えよう
- お礼の仕方にも気をくばろう

PART

5

誰も教えてくれない10年後、後悔しない働き方

CASE 1

社会人になってからも勉強しなきゃダメ？

失敗談

政治家の大きな事件があった時、仕事先でその話題になりました、ニュースも見なければ新聞も読んでいなかったのでまったく話についていけず、困ったことがあります。（メーカー、40代）

社会人になってからも勉強しなきゃダメ？――先に結論を言ってしまえば、**勉強したほうが絶対にいい**です。「やっと勉強から解放される！」と思っていた方もいるかもしれませんが、仕事で成長しつづけるためには、なかなかそうはいかないのが現実です。

ですが、学生時代までの「勉強」とはちょっと変わってきます。誰かに「やりなさい」と言われるものではなく、自分が知りたいこと、やりたいことを自分からすすんでやるものになってきます。

とは言え、最初は何をしたらいいのかわからないという方は、まずは**「毎朝、新聞を読むこと」**からはじめてみてはいかがでしょうか。

実際に、「社会人になったら毎朝新聞を読むように」とはよく言われます。

もちろん学生の時から読んでいる人もいると思いますが、会社に入ったのを機会に「新聞を読もう」と決意する人も多いと思います。

けれども継続するのは大変。そのうち読まない新聞が束になって、なんとなくやめてしまうという人も多いでしょう。

でも、そもそも、どうして新聞を読む必要があるのでしょうか？

新聞を読まなくても仕事には差し障りがないし、インターネットを使えば無料でいち早く情報を知ることができるのだから、「わざわざ購読料を払ってまで新聞をとる必要があるの？」と思う方も多いでしょう。

ですが**新聞を読むことによって、いま何が起こっているのかがすべてわかります。**ネットの場合、どうしても興味があることだけを選んで読んでしまいます。ですが紙の新聞は、たとえ興味がない記事もざっと目を通すようになるはずです。そうすることで、いろいろな分野の知識が増えるでしょう。

また、新聞の記事の大きさで、その出来事の重要性を知ることもできます。**たとえ見出しだけでも読んでおくのは意味がある**ことなのです。

私は朝日新聞の「天声人語」は読んでおくといいと言われてきたので、昔から、新聞を読む暇がない時も、それだけは読んでいた記憶があります。**世の中で起こっていることがわかると同時に、文章力や読解力がつく**と感じました。

実は社会人になると、意外に文章を書く機会は多いのです。企画書を書いたり、報告書を書いたりと、どんな職種でも避けられないことです。

「文章なんて書いたことがないのに、いまさらどうやって勉強するの？」と戸惑うかもしれません。ですが天声人語に関わらず新聞を読みつづけておくことで、確実に力はついていくはずです。

入社したばかりの頃は、毎日の研修や仕事をこなしていくのが大変で、新聞を読む時間などとれないかもしれません。けれども毎日20分でも新聞を読む時間をつくってみたら、きっと力になるでしょう。

Point

迷ったらこうしよう！

- 社会人になってからこそ、勉強が大事
- まずは、新聞の見出しだけでも読もう

CASE 2

働きはじめたら、仕事だけに集中すべき？

失敗談

仕事だけでヘトヘトになり、帰ったらご飯を食べて寝るだけという生活がつづき、仕事ばかりの生活になってしまいました。何か習い事などして、別の世界をつくっておけばよかったなと思います。（メーカー、40代）

会社に入ると、生活が一転します。毎日働くのは大変で、最初は会社に通うだけで精一杯かもしれません。たまに会社の同期や同じ部署の人たちと食事に行くことはあっても、ほとんど寄り道もせずに帰宅。家に帰ってご飯を食べて寝るだけで、週末も疲れているからほとんど家から出ない――案外こういう人も多いようです。

確かに、会社は慣れないことの連続で、身体も心も疲れ果てるので無理はないかもしれません。けれども会社と家の往復だけというのもどうでしょうか。仕事をつづけていくと、繁忙期は残業が多く身動きがとれないことはありますが、それ以外の時期は、**できるだけ自分のための時間もつくりたい**ですよね。

最初は仕事に全力投球したいからほかのことはやりたくない、という気持ちもわからなくはありませんが、ずっと仕事だけに集中していると脳が疲れてしまいます。クールダウンさせる意味でも適度な息抜きが必要なのです。

「疲れているからこそ家に帰りたい」と思うかもしれませんが、実はそれだと頭の切り替えができないこともあります。

身体を動かすのが好きな人であれば、ヨガやスポーツクラブに通うのもよいでしょう。仕事でストレスがたまっても、汗を流すとすっきりします。

ただ、スポーツクラブに入会はしたけれど、継続するのが難しく、だんだん行かなくなることが多いのもまた事実。「週に〇回は行く」「毎週〇曜日に通う」など目標を決めて、習慣にできるとよいですね。

ほかにも、たまには学生時代の友人に会ったり、仕事で知り合った人と食事に行ったりするのもよいでしょう。

会社の同期など、**自分と環境が近い人だけと接していると、考え方が凝り固まってしまいます。**仕事を離れた昔からの友人や、違う分野の人、新たに知り合った人と話すと意外な発見があるものです。仕事のことで行き詰まった時も、案外、まったく違う分野の人の意見で気が楽になったり、思いがけず解決のアイデアをもらえたりするものです。

また、休日や会社帰りに美術館に行ったり、映画を観たりするのもいい刺激になるかもしれませんね。いろいろなものを見たり聞いたりすると、想像力や知識の幅も広がり、今後の仕事につながるでしょう。

社会人になってからは、**自分で行動を起こさないと、何も起こりません。**家と会社の往復をつづけていると、生活は単調になるだけです。「いつか余裕ができてから行動しよう」と思っていると、いつになっても余裕ができないまま、時間だけが経過してしまいます。

いろいろな人と知り合い、ものを見て、刺激を受けることで、人生はより楽しくなるはずです。

仕事が忙しくなっても、自分のための時間を大切に使ってくださいね。

Point

迷ったらこうしよう！

- 自宅と職場の往復だけの毎日は、絶対に避けよう
- 自分のための時間が、仕事にも役に立つ

CASE 3

希望どおりの部署に配属されなかったら、どうする？

失敗談

あこがれの出版社に入り、編集部に配属されましたが実際は地味な仕事の連続でした。先輩に「この仕事いつまでやるんですか？」と言ったら、「1年目なんだから文句を言わずにやるように」と言われました。（出版社、管理職 30 代）

入社後に与えられた仕事は、想像していたような仕事ではないかもしれません。なかには希望する部署に配属されなかったという方もいるかもしれませんし、希望の部署に行けたものの、イメージが違ったというのもよくあることです。**「仕事」はやりがいがあって大変なものかと思っていたら、単純作業ばかり**だったりするものです。

「仕事ってもっと華やかなものではないの？」「これだったらアルバイトでもいいのでは？」などと思うかもしれませんが、**目の前の仕事をやらないとその先はない**のです。

と、えらそうなことを言う私ですが、新入社員の頃は、ちょうど広告代理店が舞台のテレビドラマが流行っていた時期。「華やかそう」というイメージを勝手に抱いていたものです。けれども実際に入社してみたら、想像していたよりずっと地味な仕事でした。

出版社に本を取りに行ったり、雑誌に掲載する広告の原稿を届けたり、クライアントに本を届けたりといった雑用が大半でした。本は重かったし、出版社の方も私のようなアシスタントには、ほとんど声もかけてくれませんでした。

生意気にも、「すぐにクライアントと直接向き合って、責任のある仕事をしたい」と思っていたので、物足りない気持ちを感じていました。

とは言え、その頃は女性の就職は難しい時代。文句は言っていられないという現実もあったので、まず自分に与えられたことをやってみようと思いました。

何度も出版社に足を運んでいるうちに、いままで名前すら覚えてくれなかった人たちも、声をかけてくれるようになりました。入稿原稿を持って行った時に、雑談ができるようにもなりました。それだけではなく、仕事の話をするようにもなり、やがて営業案件の話になり、私が直接携われるようになったのです。その時の感動は、いまでも忘れられません。

もし、ただ資料を届けるだけで帰っていたら、こうはなりませんでした。

ふてくされることなく、与えられた仕事を一生懸命やるうちに、コミュニケーションがとれるようになり、いろいろなことが可能になったのです。最初は「お使いばかりでつまらないな」と思っていましたが、自分が動くことで、思いもよらない結果がついてきたのです。「早く一人前の営業になりたい」という思いが根底にありましたが、「その立場にならなくてもやれることはあるのだ」と学びました。

自分にできることを毎日コツコツとつづけていくことで、ひとつずつ形になっていく。それが仕事なのだと思います。

就職できて喜んでいても、希望どおりの職種につけることは少ないかもしれません。そして希望どおりの職種につけたとしても仕事の内容は考えていたものとまったく違うかもしれません。

ですが、あきらめず、できることをまずやってみてください。チャンスは思わぬところからやって来るのです。

Point

迷ったらこうしよう！

- **ふてくされずに与えられたことをやってみよう**
- **つづけていれば、必ずチャンスはやって来る**

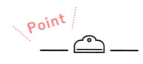

CASE
4
人脈って、どうやって広げたらいいの？

「人脈をつくるのが大事」と言われて、社内のいろいろな部署の飲み会にせっせと顔を出し、社内の人とは交流をもてましたが、それ以上広がりはありませんでした。社外の人ともつながっておけばよかったと後から思いました。（商社、30代）

仕事においては人脈が大事だというのは、昔から言われていることです。「人脈をつくりたいけど、どうしたらよいかわからない」という人は多いでしょう。

人脈はつくろうと思っても、すぐにつくれるものではありません。

失敗談のように、大きな会社に勤めていれば、飲み会は違う部署の人と知り合う貴重な機会になるでしょう。もちろん、それも悪くはないことですが、**社内の人脈を広げると同時に、社外の人と交流をもつことも大事**です。

たとえば取引先の人など、社外の人と仕事をする機会はけっこうあると思います。「今度食事でもしましょうよ」という話になっても、その場限りでそのままにしてしまうことがほとんどなのが現実ですが、それでは表面的な関係のままです。では、どうしたらいいでしょうか。

私が担当してきたクライアントの方々は、ずっと同じ会社で働きつづける方は少なく、転職をしてステップアップする方がほとんどでした。クライアントといい関係をつづけていると、お互いが転職した後も声をかけてくれて、仕事につながるということが何度もありました。ほかにも、退職したり、全く違う業界に移られた方々とも途切れず連絡をとっていたら、知り合いを紹介してくださったり、新しい仕事のチャンスを運んでくださったこともあります。**一緒に仕事をしていた人から、どんどん仕事が広がっていった**のです。

一生懸命仕事をしていると、思わぬかたちで返ってくるものです。

仕事をしている時はそんな期待などせず、ただ黙々と案件を進めて、お互いの関係を深めてきました。特別に人脈をつくろうと意識したことはありませんでしたが、**一度仕事をした人とは長く付き合おう**と心がけてきたつもりです。

広告業界で30年ほど働いてきましたが、ずっとやってこられたのは、周りの方々のおかげだなと思っています。

能力さえあれば、人脈なんて——と思う方もいるかもしれません。

もちろん、「人脈」だけではどうしようもないことは、たくさんあります。利益を追求するために、合理的な判断も必要でしょう。

けれども、**時代はどんなに変わっても、やはり大事なのは人とのつながり**なのではないかなと思います。

仕事は人と人がするもの。**何があっても最後は人に助けられる**のです。

「この人は付き合っておくとよいかもしれない」などと自分の中で決めないで、まずは仕事に全力投球してみましょう。そうするとおのずと人はついてくるものです。**「あなたとまた仕事をしたい」**と思ってくれるかもしれません。

人脈は意識してつくれるものではありません。でも自分がきちんと相手に誠意をもって対応すると、必ず相手も自分にきちんと向き合ってくれるものです。

人脈はそうやって広がっていくものなのではないかと思っています。

Point

迷ったらこうしよう！

- 「あなたとまた仕事がしたい」そう思ってもらえる仕事をつづけよう！

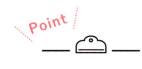

CASE 5

どうしても上司と合わない……どうしたらいい？

失敗談

入社直後の上司は男性で、すごく細かい人でした。私がやることをいちいち注意してくるので息が詰まる毎日。「嫌だな」というのを態度に出してしまったら、評価も低くなり働きづらく、２年目に会社を辞めました。（元食品メーカー、40代）

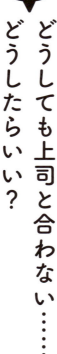

会社に入るといろいろなことがあります。

もしかしたら、いままで出会わなかったような苦手な人にも出会うかもしれません。特に、毎日顔を合わせ、自分の仕事の指示や評価をする上司が苦手な人だったら、とても大変ですよね。

では、どうしても合わない上司と一緒に働くことになった時は、どうすればいいのでしょうか？

嫌だなと思っても、上司を変えてもらうわけにはいきません。人事にクレームを言っても、上司が変わることはほとんどないでしょう。

だから**本当に嫌だったら、異動のチャンスを待つか、会社を辞めるしかない**のです。

ただ、仕事は辞めようと思えば、いつでも辞められます。

ですがせっかく会社に入ったのです。すぐに結論を出さなくてもよいのではないでしょうか。

それにいつでも辞められるのであれば、**嫌な上司に対して、こちらからでき**

ることを試してみるというのも、ひとつの戦略です。

こちらが「嫌だ」と思うと、その気持ちは必ず相手に伝わります。嫌だと思っていると、話をする時に目も合わさないとか、たとえ話をしても最低限の用件だけで済ませる、というようになってしまうからです。

そんな時こそ、思い切ってこちらが態度を変えてみませんか？

すると、上司の対応も変わってくるかもしれません。

たとえば、いつも注意されることは、くり返さないように心がけましょう。上司が細かい人なのであれば、聞かれる前に報告するのです。まずそういうことからはじめてみましょう。

そして、嫌な人にほど、こちらから話しかけてみてください。すると、不思議と苦手意識が軽くなるものです。また、嫌な態度を出さないために、目を見て話すことも忘れずに。すると、上司も徐々に変わってくるはずです。

「嫌な上司に、どうしてここまでしなければいけないの？」と思うかもしれませんが、**運良く異動したり、転職したりしたとしても、そこに自分の理想の上**

司がいるとは限らないのです。

もしかしたらもっと嫌な上司がいるかもしれません。

人生は思い通りにならないものです。

けれどもこちらがどう向き合うかを変えることで、劇的に状況が変わることもあるのです。「嫌だな」と目を背けるだけではなく、向き合っていきましょう。

自分の居場所を、自分の力で居心地のいいものにしていくというのも、大切な仕事のひとつなのです。

Point

迷ったらこうしよう！

- 異動しても、辞めても「嫌な上司」はいるかもしれない
- 居心地をよくする努力をしてみよう

CASE 6

仕事とプライベート、どうやってバランスをとればいい？

失敗談

夏休みを優先するため、せっかく抜擢されたプレゼンを辞退しました。後日、自分の代わりにプレゼンをした人が社内で評価されている様子を知り、すごいチャンスを与えられたことに気づき後悔しました。（広告代理店、30 代）

入社したばかりの頃は、人生のビジョンや戦略など考えていない方がほとんどです。はじめての仕事が大変すぎて、とりあえずこなすので精一杯――。

でも、漠然とでもよいのです。「こうなりたい」「こういう人になりたい」など未来の自分をイメージしてみませんか？

「目の前のことだけを必死にこなしていたら、あっという間に時間が過ぎてしまった。達成感はあったけれど、キャリアを築くという点ではマイナスだったと思う」

こんなことを話してくれた方がいました。

目の前のことを一生懸命やるのは素晴らしいこと。でも、「こうなりたい」というビジョンがあると、さらに先のことを考えた行動ができるものです。

また、ご紹介した失敗談のように、1年目は大事な仕事を任せられても、ピンとこないかもしれないですね。ましてやはじめての夏休みは、何よりの楽しみ。優先順位がプライベートになってしまうのは仕方がないかもしれません。でもこの仕事、簡単に手放すのはもったいなかったかもしれないですね。1年目で大きな仕事に抜擢されることはそんなにありません。もしかしたら「絶対にこの仕事に関わりたい」と思っていた人もいるかもしれないのです。

働いていると、**「仕事とプライベート、どちらを選ぶ？」**という場面が何度か来るはずです。その仕事が今後のキャリアも考えて、必要だと思えば、誰に言われなくても仕事を優先するでしょう。それは会社のためでもなく、上司のためでもなく、ほかならぬ自分のためだからです。

「チャンスは一回しか来ない」わけではないですが、「いつでもチャンスはある」わけでもありません。この一回が何よりも大事だったということはあるのです。将来に対するビジョンが何もなければ、そういうチャンスも見逃してしまうかもしれません。

もちろん将来の目標は変わっていくものです。仕事をしながら試行錯誤して、自分のやりたいことが見えていくのです。

ただし何がなんでも仕事を優先しなさい、ということではありません。

前から楽しみにしていたコンサートや家族との予定、友だちとの再会などを仕事を理由にキャンセルしてしまうと、何の予定も立てられなくなってしまいます。見極めが大事ですが、よほどなことでなければ、プライベートを優先していいでしょう。

そうしないと楽しみがなくなり、ストレスを感じてしまいます。

仕事も、プライベートも、どちらもあなたの大切な時間です。自分なりのベストなバランスを、探っていきましょう。

ところで、私は若い頃から、なんの根拠もなく「将来独立して自分の会社をもちたい」と思っていました。ただ、そうは思っていてもちっとも実現しそうにないので、半ばあきらめていたのですが、ある日、思いもよらないかたちで夢が実現したのです。

漠然とでも、将来について思うこと、夢をもつことは大事なのだとつくづく思いました。

大人になってもみんな、ずっと迷いながら仕事をしています。「もうこれで大丈夫、迷いはない」ということは決してないのです。

でも「自分なりの夢のようなもの」をもっていれば、少しでもそれに近づいていけるのです。

夢をもつことが、仕事とプライベートをふくめた人生を充実させる大事な戦略。

それを忘れないでくださいね。

Point

迷ったらこうしよう!

- **漠然とでもいいから、将来の夢・ビジョンをもとう**
- **仕事とプライベートを含めた人生を充実させていこう**

CASE
7

「転職したいな」と思ったらどうする？

失敗談

大学卒業以来ずっと同じ会社。30代の頃、転職の話をいただいたけど「いまさらほかの会社に移るのは面倒だ」と思い、断りました。せっかくのチャンス、世界が変わったのかもしれないと悔やまれます。（外資系不動産会社、40代）

就職を決める時はまだ学生なので、正直なところ、「自分に何が向いているのかがわからない」という方が多いのではないかと思います。「一般職か総合職かと言われたって……」というのが本音だったのではないでしょうか。

どれだけ調べて入社したとしても、実際に働いてみないと、会社のことはわかりません。何年も働いて、やっと自分に向いていることや、やりたいことがわかってくるものです。

たまたまはじめて入った会社がとても働きやすくて、やりがいを感じた場合は、あえて転職する必要はないでしょう。その会社でスペシャリストになれるわけです。ずっと勤め上げるのは、それはそれですてきなことです。

一方、働いてみて、「自分のしたいことはこれではない」と気づいたり、「ほかにやりたいことができた」という場合もありますね。そういう場合は転職を考えてもよいかもしれません。

転職は決してめずらしいことではなくなってきました。一度経験すると慣れるのですが、はじめての転職は勇気がいりますね。

ただ、いつでも誰でも簡単に転職できるわけではないのも現実。

もちろん、いまの会社が明らかにブラック企業だったり、何か問題がある場合は、いますぐに辞めるべき。ストレスや激務で、体調を崩してしまっては、元も子もないことです。

いい転職をするためには、まず、**いまの会社でできるだけのことはやってみましょう。**

「石の上にも3年」という言葉がありますが、一理あると思っています。3年くらい働かないと、仕事のことはよくわからないからです。わからないまま勝手に判断して「辞めてしまおう」と思っても、まだ何も身についてない状態。運良く転職できたとしても、それでは次の会社でまた「辞めたい」と思うかもしれません。

短いスパンで転職をくり返すうちに、だんだん条件が悪くなり、やがて本当に働きたいところに勤めるのが難しくなってしまいます。**入社してすぐに「なんか思った仕事と違うかも」と思っても、すぐに辞めるのは危険**なのです。

3年以内に辞めたくなった時は、**転職の準備**からはじめてみませんか？

まずは同じような職種なのか、まったく違う職種につきたいのかを考えてみてください。同じ職種であれば、いまの仕事のスキルが役立てるよう、いま学べることはきちんと学んでおきましょう。違う職種の場合は、何かスキルを身につけたいですね。自分の強みを見つけて、磨いておくことも大事です。

なお、PCのスキルは、ほとんどの会社で必要とされます。苦手意識のある人は、会社の帰りに勉強するのもよいでしょう。

英語が得意であれば、さらに転職に有利です。英語は、ほとんどの人が「いずれは勉強したいと思っているけれど、いまは忙しいから無理」と思っています。けれどもその「いずれ」は、いつやってくるのでしょうか。

「勉強したい！」と思った時こそがはじめるタイミングなのです。

すぐに英会話教室に行かなくても、英会話のアプリもたくさんありますし、NHKの語学番組を毎日聴くだけでも違います。映画を字幕なしで見る練習もしてみましょう。実は私自身、20代のうちから、英語が堪能な人からこう言われつづけましたができませんでした。結局必要に迫られて勉強をはじめ、いまもずっとつづけていますが、頭が柔軟な20代の早いうちからはじめておけばよかったと後悔しています。こうした、**どこの会社でも通用するスキルを身につけておくことはあなたの武器になります。**

ほかにも、いまの仕事で実績をあげ、知識やスキルを身につけておくと、転職する際もかなり有利です。つまらなく思える目の前の仕事も、**「いつかやりたいことをやるため、転職のための準備」**だと考えると、やる気がわいてきませんか？

ただし、「この会社なら転職できるから」と、妥協して慌てて決める必要もありません。**「自分が働いてみたい」という会社が見つかった時が、転職のベストなタイミング**なのです。

Point

迷ったらこうしよう！

- **合わないからと、すぐに辞めてしまうのは危険**
- **まずは、「転職の準備」からはじめてみよう**

CASE 8

ぶっちゃけ、貯金ってどれくらいすればいいの？

失敗談

働きはじめてから３年ほど、貯金はしていませんでした。でも、20 代後半あたりから友人の結婚式に呼ばれることが増え、ご祝儀のお金を親に頼ることに……。余裕のある時に貯金しておけばよかったと後悔しました。（出版社、30 代）

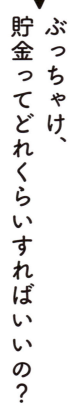

学生時代は、お金について本気で考えることはなかったかもしれません。社会人になるにあたっては、お金のことも気になりますよね。将来に向けて、「働きはじめたら貯金をしよう」と決めている人も多いでしょう。

一人暮らしの人もいれば、親元で暮らしている人もいるので、自由に使えるお金は人によって違います。毎月のお給料から、税金や、毎月必ずかかる支出を差し引くと、「思ったほど残らないんだな」と驚く方もいるかもしれません。

けれども、「いつかお金がたくさん入るようになったら貯金をしよう」「好きなことに使ってあまったら貯金しよう」と思っていたらいつまでたってもできないのが現実。**将来に向けての貯金は、早いうちからはじめたい**ものです。

おすすめなのは、**お給料から毎月決まった割合の金額を貯金に回す**ことです。お給料をもらったら、まずは決まった金額を貯金します。会社の制度があれば、それを利用するのもいいでしょう。

私も、新入社員の頃から会社の財形貯蓄の制度を使って、貯金をつづけてきました。それなりの金額を貯めるのは大変で、コツコツ貯金をしても、何かの時に引き出して使う、ということをくり返していました。

「引き出してしまっては貯金をする意味がないのでは？」と思われるかもしれませんが、それでも意味があるのです。**大事なのは「貯金のクセをつける」ことです。**最初から、**「手取り金額の何割かは貯金に回し、限られた金額でやっていく」**というクセをつけることに意味があるのです。

あまりにケチケチしては、ストレスが溜まってしまいます。20代の頃の貯金は、私にとって「いざという時のためのお金」でした。

意外かもしれませんが、「何歳で○○万円貯めよう」と考えると、目標を達成できなかった時、簡単に貯金をやめてしまいます。一方で、習慣的に貯金をしていると、予想外のお金にも対応できるようになるのです。

正直なところ、いまから老後の心配をする必要はありません。それよりも、まずは20代のうちから、**「お金があってもなくても、とりあえずある程度は貯金すること」**を習慣的にしていると、その後の人生にも必ず役立ちます。

若い頃から貯金のクセをつけておくと、自分の環境がどんなに変わったとしても、つづけていけるものです。これからの長い人生、予想しないことが起こり、お金が必要になることもあります。お金が必要になってから「よし貯めよう」と思っても遅いのです。

Point

迷ったらこうしよう！

- まずは貯金のクセをつけよう
- 毎月決まった金額を貯金できる制度を利用しよう

CASE 9

結婚・出産と仕事の両立ってできるものなの？

失敗談

結婚ラッシュに焦って当時付き合っていた人と婚約、同棲したけれど、「家事は全部女性がすべき」という彼に嫌気が差し婚約を解消。親にも周りにも心配をかけたし、お金もずいぶん無駄にしました。（教育サービス、30代）

働くお母さんが増えてきました。会社によっても差はありますが、産休、育休がとりやすい職場も増えています。

仕事と結婚、さらに出産を両立させていくためには、パートナーの理解、協力が必要です。ですが中には「掃除や料理は女性がしてほしい」など、家事はすべて女性にお任せ、という男性がいるのも事実。「結婚してみたら、家のことは何もしなくて驚いた」ということにならないようにしたいですよね。

特に子育てに関して言うと、住んでいる場所も大事。近所にいい保育所が見つけられるかどうかで、仕事のしやすさもずいぶん変わります。

とは言え、20代前半のうちは、「結婚、出産のことはピンと来ない」というのが率直な気持ちではないでしょうか。けれども、「いずれは子どもがほしいけれど、働きながら子育てはできるの？」という漠然とした不安をもっている方も多いのではないかと思います。

不安な気持ちはわかりますが、いまのうちからずっと先のことを考えて「子どもができても働きやすい部署」「無理のない働き方をしたい」などと考えるのはもったいないこと。**「その時」になってから考えても遅くはありません。**

それに、実際のところ、結婚を選択するかどうかもわからないのです。

「せっかくの人生だから結婚もして子どももほしい」と思う方もいれば、「仕事や趣味に集中したいから、結婚や子育てにはあまり興味がない」という方もいるでしょう。**結婚や出産は、本当に人それぞれ**です。

実際のところ、結婚したほうがいい、出産したほうがいい、ということもありません。**結婚している人、していない人、子どもがいる人、いない人、それぞれの人生があり、それぞれメリット・デメリットがあります。**

それに、「どうしてもこうしなくてはいけない」という思い込みがありすぎると、生きにくくなってしまいます。「絶対に結婚、出産しなければいけない」と思わず、自分が望んでいるものを考えてみてはいかがでしょうか。

ただ、**仕事はずっとつづけたほうがいい**と思います。結婚しても、夫が病気になってしまったり、仕事を辞めてしまったりするかもしれません。夫の稼ぎだけに頼った生活をしていると、いざという時に生活が成り立たなくなるリスクもあります。

長く仕事をしていると、辛いことや悲しいこともあり、辞めたくなることもあります。結婚して専業主婦になりたくなる瞬間もあるでしょう。けれども、**自分に何かあった時に助けてくれるのは、仕事**なのです。

私も人生でとても悲しい出来事がありましたが、その時は、「仕事があったから救われた」と心から思います。「誰かに必要とされている」という、やりがいや生きがいを感じられるのは、やはり仕事だと思うのです。

両立という目標を考えても、場所や形態はどうあれ、「ずっと働いている」というイメージを20代のうちからもちつづけましょう。そうすると将来、結婚、出産、子育てが訪れても、両立できるのではないかと思います。

前向きにがんばっている人には、周りも応援してくれるものなのです。

Point

迷ったらこうしよう！

- 「絶対に結婚、出産すべき」という思い込みは捨てよう
- 結婚しても、出産しても、ずっと働くイメージをもちつづけよう

CASE 10

かっこいいオトナ女子になるために、何をすればいい？

失敗談

入社する時に一般職を選びました。上司から総合職を受ける試験を勧められましたが、その時はもう30歳。新しいチャレンジが恐くて断りました。いま思えば長い人生、チャレンジしておけばよかったのかなと思います。（金融、30代）

20代の頃の私は、いつも焦っていました。

一生懸命仕事はしているけれど、なかなかチャンスは来ない。このままでいいのだろうか、と悩みだらけの毎日。「自分で独立して会社をもちたい」という大それた夢はありましたが、現実はほど遠い状況でした。まだまだ信じられないほど男性社会だった広告業界で、めげることも多い日々でした。

けれども何とか目の前の仕事をつづけていると、思わぬチャンスが舞い込み、会社をもつことができたのが40代。大手広告代理店と共同出資して新しいコンセプトの広告会社をつくることになったのです。

会社は思いがけず大成功しました。

当初はそのまま定年まで勤め上げるつもりだったのですが、その会社の10周年を機に、私は会社を辞めました。

ここで私がやることはすべてやりきったような気がしたからです。それに、30年近く広告業界で働きつづけてきたので、ここで人生を見直してみたいとも思いました。ずっと突っ走ってきたので、ちょっと立ち止まりたくなったのです。

そして、なんの肩書きもなくして、ゼロからのスタートをすることにしました。

コラムを書いたり、本を書くというのも、50代からはじめたことです。いままで自分が体験してきたことを外に向かって発信してみたくなったのです。

新たなスタートを切った私は、**「人生いつまでも終わりがないな」**と感じる毎日です。**考え方次第で、何歳からでも新しいチャレンジはできる**のだと心から思っています。

入社後しばらくは、目の前のことでいっぱいいっぱいかもしれませんが、何年か働いてみると、「いまの仕事は飽きてきたな」「もっと違う仕事をして自分の力を試してみたいな」と思う時が、いつかくるはずです。でも、実際に別の仕事にチャレンジしたり、転職したりしようとすると、面倒になったりもします。つい、居心地のいいいままでの場所を選びたくなる気持ちも、よくわかります。

でも、**これから先、「何かやってみたい」と思うことが自分の中に出てきた**

ら、その時は動いてみることをおすすめします。その先には苦労があるかもしれませんが、それも一時のこと。いままで感じたことがないワクワクするような出来事がきっと待っているはずです。

私が思うかっこいいオトナ女子は、何歳になってもチャレンジしつづける人。「人生100年」と言われるいま、何かをはじめるのに遅いことはありません。思い切って、チャレンジしてみてはいかがですか？

私自身、これからもあきらめずいろいろなことをチャレンジしていきたいなと思っています。

Point

迷ったらこうしよう！

- すてきなオトナ女子は、「チャレンジ」をつづけている
- やりたいことに挑戦する気持ちを忘れずに

おわりに

この本の中では、いろいろな場面を想定して、「こういう時は、どうしたらよいのか」を紹介させていただきました。

例として登場してくださった方々の多くは、現在もビジネスの世界で活躍されていらっしゃいます。

「先輩や上司たちは完璧な仕事ぶりで、いままで失敗なんかしてないだろう」と思われるかもしれません。けれどもみんな、過去にはたくさん失敗をしてきています。失敗をしながら学んで、今日があるのです。

世の中の変化が速くなり、一日も早く「一人前」になることが求められている時代。私たちの失敗から学び、毎日の仕事という実践の場で、さっそく羽ばたいてほしい――そう願ってやみません。

会社での一番の悩みは、仕事の内容よりも人間関係だと言われています。

仕事をしていく中で、社内の人だけでなく、たくさんの人に関わることになります。ですが、些細な言葉や態度がきっかけで、人間関係がこじれてしまう可能性があるというのは、本書の中でもご紹介してきたことです。

少し面倒だな、と思うかもしれませんが、少しの気配りができるかどうかで、仕事がしやすくなったり、逆に敵ばかりつくってしまうことを、ぜひ忘れずにいていただきたいです。

とは言え、人間はみな違うので、さまざまなことが起こって当たり前。

本書で数多くご紹介してきた私たちの失敗談から、失敗しないコツを学んでほしいのはもちろんですが、同時に、「失敗は辛くても、学んで次に活かす喜びは仕事でないと得られない」ことも知っておいてもらいたいと思います。

失敗を恐れすぎて、チャンレジをしなかったり、言いたいことも言わないで、ただ無難に過ごしてしまうのは、とてももったいないことです。

チャレンジをしないと楽しみも半減してしまいます。それに、失敗を恐れてチャレンジを避けると、小さくまとまってしまい、仕事の原動力となる達成感や喜びも得にくくなってしまうでしょう。

いつもうまくいくとは限りませんが、いろいろな人と、たくさんコミュニケーションをとりましょう。徐々にお互いにわかり合うことができ、距離を近づけていけるはずです。

そして、「やりたい」と思ったことに、チャレンジしてみましょう。そうすることで、あなたの才能、能力が花開き、成長し、さらに大きなチャンスがやって来るのです。

仕事は、1日の大半をかけて取り組むものです。

仕事に取り組む時間を、達成感と喜び、ワクワクした気持ちであふれた、かけがえのない時間にしたいですよね。

この本を、仕事の不安や悩みを解決し、前向きに取り組んでいくきっかけにしていただけたら幸いです。

最後になりましたが、今回この本を書くチャンスを与えてくださった日本能率協会マネジメントセンターの柏原さん、ありがとうございました。そしてこの本を書くにあたり、ご自分の経験を話してくださったたくさんの方々、同じく御話をお聞きした現在新入社員として会社で働いていらっしゃる方々に心から感謝いたします。

また、私が仕事をしている間、ビジネスパートナーとして私を支え、いつも励ましてくれた亡き夫に、お礼を言いたいと思います。

この本を手にとっていただき、最後まで読んでいただいてありがとうございました。

PROFILE

平原 由紀子（ひらはら ゆきこ）

兵庫県神戸市出身。

関西学院大学卒業後、一般事務として OL を経験。その後、老舗広告代理店に 16 年間勤務した後、2003 年、業界最大手の電通と共同出資し、国内外有名ブランドをクライアントとした 広告代理店「株式会社ザ・ゴール」を設立。今までにない新しいコンセプトのもと、クライアントとコミュニケーションパートナーとして強固な信頼関係を築き、業界を代表する会社へと導く。2013 年、創立 10 周年を機に退職。

ファッション広告業界で女性の地位を築き上げたパイオニア的存在。

現在は、「株式会社 WITH YU」を設立し、ファッション業界を主とした企業のコンサルティングとアドバイスを行う。

「手みやげコンシェルジュ」としてシティリビング WEB や日経ウーマンオンラインで、手みやげについてのコラムを連載する。東洋経済オンラインや、大人のためのライフスタイルオンラインメディア「Byron」で エッセイストとしても活動中。

HP　http://withyu.co.jp

入社1年目女子 仕事のルール

2018年3月20日　初版第1刷発行

著　者――平原 由紀子

発行者――長谷川 隆
発行所――日本能率協会マネジメントセンター
〒103-6009　東京都中央区日本橋2-7-1　東京日本橋タワー
TEL　03（6362）4339（編集）／03（6362）4558（販売）
FAX　03（3272）8128（編集）／03（3272）8127（販売）
http://www.jmam.co.jp/

装丁・本文デザイン・DTP ―ISSHIKI
イラスト――――――――――坂本 奈緒
印刷所 ――――――――――シナノ書籍印刷株式会社
製本所 ――――――――――株式会社三森製本所

ISBN 978-4-8207-1992-2　C2034
落丁・乱丁はおとりかえします。
PRINTED IN JAPAN

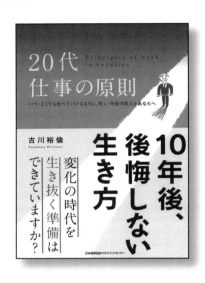

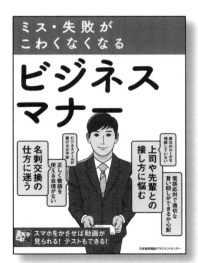